匡调元 著

无极哲学

（第二版）

全国百佳图书出版单位
中国中医药出版社
·北京·

图书在版编目（CIP）数据

无极哲学 / 匡调元著 . —2 版 . —北京：中国中
医药出版社，2021.12
ISBN 978-7-5132-7204-9

Ⅰ . ①无⋯ Ⅱ . ①匡⋯ Ⅲ . ①无极—研究 Ⅳ .
① B2

中国版本图书馆 CIP 数据核字（2021）第 203570 号

中国中医药出版社出版

北京经济技术开发区科创十三街 31 号院二区 8 号楼
邮政编码　100176
传真　010-64405721
河北品睿印刷有限公司印刷
各地新华书店经销

开本 880×1230　1/32　印张 5.5　彩插 0.75　字数 142 千字
2021 年 12 月第 2 版　2021 年 12 月第 1 次印刷
书号　ISBN 978 - 7 - 5132 - 7204 - 9

定价　39.00 元
网址　www.cptcm.com

服 务 热 线　010-64405510
购 书 热 线　010-89535836
维 权 打 假　010-64405753

微信服务号　zgzyycbs
微商城网址　https://kdt.im/LIdUGr
官 方 微 博　http://e.weibo.com/cptcm
天猫旗舰店网址　https://zgzyycbs.tmall.com

如有印装质量问题请与本社出版部联系（010-64405510）

第二版前言

2017 年还在眼前,《无极哲学》第一稿刚刚从沈善增老师处审稿回来,非常兴奋:通过了,同意发表!

2021 年了! 这四年过得特别快。没有什么感觉,时间就走到前面去了!

第一版以前的思想已经写在第一版序言中了。现在,简要说一下第二版的一些想法:

第一,无极哲学是一种认识世界的观点,还应该有相应的方法学,所以第二版增加了一篇"无极思维论",就是"二十字赞"是"分别又不分别"认识世界的方法学。

第二,2007 年,我创了一个新画种:生命微观意象艺术。这是生命体在显微镜下能见到的、有分别的、五颜六色的各系统、各器官、各组织、各细胞、各分子的形态结构,很美。人的思维中有没有无分别的东西呢? 应该有。所以我写了一篇"无极派抽象艺术",抛砖引玉,请大家批评指正。

第三,无极哲学是研究"无分别"的世界的。虽然,老子、庄子、释迦牟尼等都研究过,现在再研究,有此必要吗? 最近,在山东曲阜召开的"第四届全国自然国学学术研讨会”上，我以“新整体观”作为例子，略述了一些研究“无极哲学”的意义。

第四，无极哲学是一个新课题，过去注意不多，少部分人研究，可以慢慢来。当然，快马加鞭也可以。事在人为嘛！

第五，2020年12月29日，“中华当代诸子百家哲学学说、流派与思潮大观”一文，由高懿德先生发表，其中报道了“无极哲学”的创立。这是喜事。

帮过我的朋友仍然帮着我，永远要感谢他们！！

简为序。

上海中医药大学　匡调元

2021年5月

自 序

（一）

宇宙和人生两大迷惑，魂牵梦绕了我一辈子，百思不得其解！宇宙从何时开始？最后走向何处？生命从哪里来？死后又走向何处？众说纷纭，莫衷一是！

陨石：开天辟地。

这是陨石，意示宇宙的开始。

色彩缤纷，只是想让人们看得舒心而已！

人之初：受精。

人从哪里来？从精子和卵子在子宫相遇受精而来。

这个镜头谁也没有亲眼看见过，是在我这个病理解剖学的医生意象中画出来的。

宇宙有宇宙的开始，人生就从这里开始。

我自 1951 年考入上海医学院（现复旦大学上海医学院），一年级即开始学生物学，然后学习生理学、解剖学、生物化学、病理学，到临床各科，都在探讨生命的本质；1960 年开始学习中医学，也是为了研究中医学对生命的认识；1972 年开始上中医门诊，1975—1977 年提出了"中医体质学说""体质病理学"及"辨质论治"，1984—1985 年专程去美国实地考察了白种人和黑种人的体质状态；1988 年调入上海中医学院（现上海中医药大学），开展动物实验研究；1991 年创立了"人体体质学"。此时，自以为对生命已相当了解。后来，深入研究了《易经》才悟到：其实，这些认识还是在"形而下者谓之器"的水平，虽然有些许进展，但很小，是微不足道的。随着对易学、《老》《庄》、释家和《黄帝内经》的深入思考，于 2009 年悟到了"自性清净圆明体"和"无极态"，2016 年悟到了《黄帝内经》的核心思想是"神本论"，2017年提出了"无极哲学"，2018 年出版了《太易心神学》，同年悟到了"中华崇悟文化"。只有到此时，才达到了"形而上者谓之道""道器为一"的水平，于是决定出版这本《无极哲学》。

张岱年在 1988 年出版的《文化与哲学》中对中国古代哲

学源流做了当时比较公认的历史回顾。从发展的目光看，我自认为"无极哲学"是在中国传统哲学中特有的"心物一元"论指导下，在今天个人的认识水平上，把易、老道、庄道、释、医（《黄帝内经》）中潜藏着的有无、正反、离合、隐显等对立统一了起来，把太极态和无极态统一了起来。与此同时，踏着哲学高人的足印，仍然在"心物一元"论的前提下，强化了中国人的民族智慧，崇扬了灵感思维无可取代的功能！至于《无极哲学》的意义有多大，当待历史去评说。

今，我为"无极哲学"作赞如下：

有无共存，

正反离合，

隐显有序，

两极相望，

一念往返。

此赞是否能反映"无极哲学"的特征，恳请行家指正！

气韵：有无共存。

《庄子》说："通天下一气耳。""气"是宇宙之本体。

气分阴阳，一动一静，为太极态，如上图所示，显而有序。

气不分阴阳，亦动亦静，非动非静，为无极态，隐而有序，无法显示。

庚寅初一：新旧交替。

　　这张图是描绘庚寅年年初一凌晨大楼前"一声爆竹，万象更新"的灿烂烟火。这是描写时间的，也是人们心里新旧更替的一种兴慰写照。

气机升降出入，隐显有序。

"气机升降出入"是传统中医学对人体生理病理的总括，生命物质在体内上下、左右运动叫升降，在细胞、器官及身体内外往返叫出入。

在太极态里，一切生命都遵循这一机理，无一例外。

在无极态里应是混沌一片，没有分别，隐显有序，且与太极态凭一念往返。

DNA：隐显有序，又一个大谜。

满纸多彩杂乱的点，密密麻麻，看似无序，但其中隐藏着两根螺旋形的主脉，上端交叉，下端分成两支，两支又各有一支曲线杂交进来。

这是掌管生物遗传特性的 DNA 双螺旋结构，其功能、结构、代谢都是隐显有序的。

我认为这是太极态中极神秘、极复杂的心物一元的东西，因此在这里显示一下。

元神作意：至今仍是一个谜！

这是人类大脑里的一型神经元，每个人都有，思维从这里产生，喜怒哀乐也从这里来。"物质变精神，精神变物质。"这个事实，是怎么回事？还是一个谜！要完全解决，估计为时尚早！

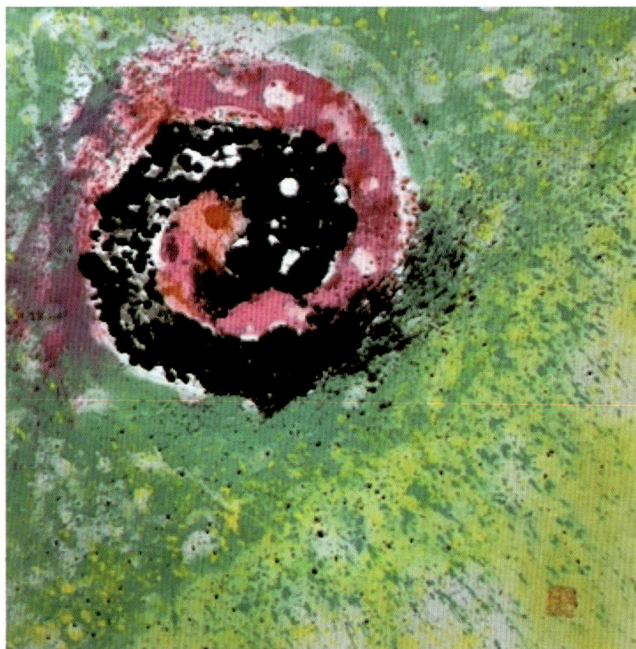

万物一太极：两极相望

这是典型的太极图，为道学的标记！

红色与黑色示阴阳两极，红点与黑点示阳中有阴、阴中有阳而为四象。这是大多数中国人熟知的。

本图表示的是：在此太极图的对面，还有一个有形无形、亦动亦静的无极态相望着、紧贴着，形影不离，一念往返。

是吗？发挥人人都有的思维功能吧！！

（二）

本书只有几篇文章，可以认为是个人几十年来对宇宙人生所思所想而做的一个小结。

1. 本来我和佛教没有交往，也没有读过任何佛经和有关佛学的书。2007 年乔迁时，一个偶然的机会，发现书橱里有一本妻子生前读过的《佛说阿弥陀经和观世音菩萨普门品》合订本，应是哪个庙里信徒印发的结缘的小册子，随手翻了一下，却发现里面并没有烧香、拜佛等描述，只是希望大家净心念佛、行善，争取离苦得乐，往生到净土——西方极乐世界去。读了以后，心中油然而生了两个问题：这是真的吗？怎么会这样呢？犹如当年在图书馆里偶然看到南京中医学院（现南京中医药大学）编的《中医学概论》一样：关于生命的问题，里面究竟讲了些什么？可以看一下嘛！于是开始读了一些佛学经典著作，逐渐悟到了佛学、佛法和佛教是有联系的三回事。佛学以哲学思想为主，佛法以思维科学和修炼方法的研究为主，佛教则是以宣传推广活动为主，其中杂有不少属于信仰的东西。2008 年，我把唐代贤首国师所著《修华严奥旨妄尽还源观》连续精心研读了 7 遍，到 2011 年才在《香港佛教》杂志上发表了自己的体会"初悟自性清净圆明体"，该书的内容与中国自古以来主张的"心物一元"论不谋而合。2012—2013年在香港工作期间，有机会读了几部经典佛经，我当时即下决心回来后找个安静之处精研《黄帝内经》。2014年，终于在故乡无锡找到了梁武帝所建的长泰禅寺（至今已有1480余年历史的古刹，苏东坡有碑文存于禅寺内），在晨钟暮鼓的陪伴下，生活了整整一年，完成了论文"神会《上古天真论》"。按照佛教的清规，我没有"皈依"，不是佛教徒，所以不能称"闭关"。但这篇论文恰是我日后创立"无极哲学"的又一个重要契机。后来，我又相继完成了"《黄帝内经》的神本论研究"及"人类生命与元神作意"等论文，这些都已收入《太易心神学》一书中。为了论证所说的"易、道、释和《黄帝内经》在顶峰上相通"这一见地，我将此文引入本书，按年份次序放在绪论后的第一篇。

2. 2011年，全国中医睡眠研究学会在上海召开学术会议，主持人出了一个题目，嘱我谈谈对"情绪与体质"的研究。于是，我写了"情绪与体质"这篇文章，在会上做了主题报告，深受与会学者的好评。在写作过程中我悟到了"无极态"，这是一个关键性的质的飞跃：即从"太极态"进入了"无极态"。此文中不仅有对西方情绪心理学几项原理性的突破，更有对《易经》、易学"太极"理论的突破。

我很重视这篇文章，一是因为它很重要，二是因为目前全世界有心理障碍的人不少而且有日益增多的趋势，三是老百姓不知道怎么办好，四是更为严重的是似乎目前尚无控制其发展的良策。大家都说心态好最重要。那么，什么叫心态？什么心态叫好？快乐、兴奋就是好吗？喜过了头亦要出问题的。那么又如何调控自己的心态呢？这里面的学问很深，中西医学各有自己的认识。因此，我建议：凡关心心理健康的人都来研究这个问题，都来读读这篇文章。我在《匡调元医论》《太易心神学》和本书中一而再、再而三地载入这篇文章，就是希望有更多的人能读到它、运用它，从中得益而正确地改善心态，真正能获得健康长寿。

3. 2016 年我写完《太易心神学》时已经悟到了易、道、释、《内经》在顶峰上是互通为一的，其"一"在何处？已点明了在"无极态"。但是，其来龙去脉还没有交代清楚，其归宿点仍在"态"上，而不在"学"上，还是说"器"的多，论"道"不足。为了更好地解决这个问题，我继续"思之思之，又重思之"，经一年的"思之"，依靠"精气之极"，又用了一个月时间，到 2017 年 9 月，瓜熟蒂落，"无极哲学"终于问世了。我们这个世界应该是多时空的，除人类目前生存的时空外，按照无极哲学的理解，至少还有一个梦态，一个无极态。因此，我自认为这篇文章是总结性的、历史性的和突破性的，至少为我们走进这两个时空提供了一些思考。为什么如此说？请读此文的摘要和结语，在此就恕不重复了。我将"无极哲学"投《上海中医药大学学报》后，蒙学校领导和审稿专家的支持，得以在 2018 年第一期首页刊出了。我终于完成了自认为的历史使命而如释重负！

4. 上文说："无极哲学"一文完成后，我如释重负。是，重负释了，但轻负没有释。"无极哲学"提到：从太极态走向无极态是靠"一念"，靠自己的思维。那这又是怎么一回事？这个问题又是必须回答的。虽然不一定能圆满解决，但至少应提点线索。于是我又开始重点思考：智慧、悟和人类的思维方式，尤其是关于"灵感思维"问题。

"无极哲学"是讨论本体论的，"中华崇悟文化赞"则是讨论方法论的。

灵感思维是中国人几千年来自然形成的优良素质，远胜于西方人。我们宣扬灵感思维是想强调"复古与创新"共建！复古要复到人类古文明之前原始人类的灵感思维功能，这是人类的本能，不会被消灭，只会被忽视。我们不要轻飘飘地就用"巫文化"三个字全部否定了它！创新要创到千百年之后，找到现代文明的真正后台——灵感思维，让它使人类文明更上一层楼。我们预言：到那个时代，将由灵感思维做主，而所谓的"科学技术"只是在前台做些表演而已。其实，当下已经隐藏着这个实相，可惜大多数知识分子还没有注意到。这应是《黄帝内经》神本论的延续和升华。

种种迹象已显示：现在和未来的中国人将大展大汉、盛唐、魏晋、宋明时代的辉煌，去努力实现振兴中华的伟大理想！靠什么？就靠我们中华民族的优秀品质——本能的灵感思维！这是人类真正的聪明才智呀！有识之士，有志之士，切莫等闲视之！

5.附录"医海冲浪　探究生命"（2018）作为实例，这是我依靠"崇悟文化"从事中西医结合病理学研究一辈子的历史记录。它确切地印证了"道在器中"，也恰好印证了"两极相望，一念往返"的实情。

（三）

近现代以来，国内似有一种舆论倾向，认为老庄和释家都是主张消极出世的，是不求进取的。近年来我曾到安静的太湖之滨，闭门研读了《周易》《老子》《庄子》《心经》《金刚经》等著作，认为这个评价似乎不很确切。我体会《老子》的"无为无不为"，并不是说什么都不要做，而是说不要去干扰自然规律。如果这样，就可以按照自然规律自然而然地做成了，无为只是达到无不为的方法和手段而已，目的在于无不为，这恰恰是最有为的目标。再如"外其身而身存"，"外其身"是把自己的身忘掉，这样身反而可以保存。如果一天到晚念念不忘这个肉身，一会儿吃补药，一会儿整容，折腾个不停，这样不符合自然规律，这个身体就会被折磨坏，反而保不住。因此，"外其身"不是消极之举，恰恰是最积极有效的保身办法。有无共存，正反离合，这正是《老子》的核心观点。《老子》全书实例随处都是，取正说还是反说，全在于自己，他正反都说了。《庄子》亦妙，逍遥齐物，教您重视精神，要神化；万物齐一，去物欲。"天地与我并生，万物与我为一"，反对儒家的三不朽，主张"至人无己，神人无功，圣人无名"，物我两忘，笑言庄周与蝶，难分难辨，还贪求什么？显然，在此消极和积极共存，取什么全在于自己！这对于当前物欲横流、道德沦丧的重症却不失为一付清热解毒之良药！又何来消极之意？如果依（一）所赞的那20个字去读《老》《庄》，体悟可能会不一样。当然，这仅是我的一孔之见，不一定正确。为了避免有人误解"无极哲学"的真实积极意义，故在此略作小议。这可立为一个专题，待日后再作专议。

（四）

"一个篱笆三个桩，一个和尚三个帮！"我能够如此顺利地完成《无极哲学》全靠亲友们的鼓励和支持。衷心感谢上海当代著名文学家和哲学家沈善增先生，感谢他曾为我审定《太易心神学》和"无极哲学"论文。2018年3月沈先生完成了他的历史使命后突然仙逝！我将永远铭记他的恩德！感谢何美娟女士及其夫君徐卫东先生对我的悉心照顾和关怀！感谢上海中医药大学党委副书记、医学博士、博士研究生导师施建蓉教授的一贯支持！感谢上海中医药大学徐建光校长及基础医学院诸领导对本书出版发行的支持和关怀！感谢原科研处副处长张庆彝教授多年来一直支持着我的体质病理学和体质食养学的研发工作，对我的著作提了不少真知灼见，是我的知音！感谢我的侄女，上海市第六人民医院中医科马建慧主任长期以来对我的关心和保健！感谢我的挚友，全国名老中医、著名书法家、重庆医科大学王辉武教授为本书题写书名！感谢我的门人，周狮驮大夫长期的协助和支持！感谢《新民晚报》"金色池塘"于2016年7月17日对我60年的中西医结合研究工作做了专题报道，影响广泛！感谢无锡市千年古刹长泰禅寺唯悟法师主持创建了"无极书斋"以大力弘扬优秀的中华传统文化！感谢中国中医药出版社领导和同人的精心编排！感谢对本书提出批评和指正的各位读者！

上海中医药大学　匡调元

2021 年于无锡太湖之滨

目 录

绪论：无极哲学史略探

无极哲学[1]是我在 2017 年提出来的一个新概念。先打开中华传统哲学的历史，再回顾自己的认识过程，则发现其来龙去脉还是比较清晰的。拟先从伏羲氏开始，然后对老子、孔子、庄子、释迦牟尼、魏晋玄学诸家及近几年来的古枝萌新芽等略做探索，并请方家指正。

按中国原始社会历史记载，相传于约 60 万年前开始了旧石器时代，约 4 万年前进入晚期，到约 1 万年前旧石器时代晚期结束。据说，此时有位"神人"伏羲氏一划而分天地，从此宇宙一分为二，进入"阴阳两仪"时代。这是"易"的萌芽。到了公元前 11 世纪至前 770 年，周武王灭商后建立了西周，此时形成了占筮典籍《周易》。人类由此正式进入了"有分别的宇宙"时代。用我的说法，这是"太极态"，在此之前的是"无分别的宇宙"时代，是"无极态"。一划即由"无极而太极"。具体的历史过程如何，拟略述如下：

一、公元前 770 年至前 476 年为春秋时代

孔子出生于公元前 551 年至前 479 年[2]，时值奴隶制向封建制转化之初期，他保留了关于"天命"的信仰，提出了以"仁"为最高的德。作为教育家，孔子提出了许多关于认识

方法的见解，成为儒家的创始人，在中国产生了重大的历史影响。他对无极态没有兴趣。

二、《道经》和《德经》里的无极哲学思想

老子出生于公元前 5 世纪左右。近代著名哲学家沈善增在《还吾老子》[3] 中明确指出"以道注德……是《老子》5000言传世 2000 多年来关于篇章结构的最重大的，带根本性的发现"。根据这个观点，如果《道经》和《德经》中都有无极哲学的内容，则应该逻辑地、历史地认为《德经》的无极观念在先，《道经》的无极观念是受《德经》的启发而来的。从具体内容而言，《道经》的理论体系较完整，概念较明晰，对无极哲学的论述较精确而深刻，显然是对《德经》的升华。但是，有一点也是十分明确的，即现今有些重要概念仍源自《德经》，如"昔之得一者"（第三十九章）中的"一"，即无极哲学中的无极。"道生一，一生二，二生三，三生万物。万物负阴而抱阳，冲气以为和。"（第四十二章）"道"就是无极。"大成若缺""大盈若冲"（第四十五章）。"知者弗言，言者弗知。"（第五十六章）"为学日益，为道日损，损之又损，以至于无为，无为而无不为。"（第四十八章）"祸兮福之所倚，福兮

祸之所伏。"（第五十八章）"知不知，尚矣。不知知，病矣。夫唯病病，是以不病。圣人之不病也，以其病病也，是以不病。"（第七十一章）"天之道，其犹张弓欤？高者抑之，下者举之，有余者损之，不足者补之。天之道，损有余而补不足；人之道则不然，损不足而奉有余。"（第七十七章）在无极态里，得道人的思想就是这个样，和太极态里的"凡夫"是显然不一样的。这些"正反离合"之论在《德经》里已明确存在。

在《道经》里，原则性的、规律性的论述突出得多。例如："道可道，非常道。名可名，非常名。""两者（有、无）同出，异名同谓，玄之又玄，众妙之门。"（第一章）《道经》是开门见山，一开口，就是太极态里可道之道和无极态里不可道的"常道"，论述清楚，并以此为总纲。对"有、无"二者的玄妙性也提醒了大家。"有无相生，难易相成，长短相形，高下相盈，音声相和，前后相随，常也。"（第二章）"是以圣人后其身而身先，外其身而身存。"（第七章）这里已把"正反离合"一一道明。

综上所述，伏羲氏一划分天地，是太极形成之时，理应在无极之后。老子综述的《德经》应在自己发挥的《道经》之前，但两经都在宣扬无极思想，都是对无极的回归。我们在《道经》里常常可以读到"如婴儿之未孩"（第二十章）、"复归于婴儿""复归于无极""复归于朴"（第二十八章）等，都是指的由"太极"逆反到"无极"。顺便提一句，按我对《道德经》的理解，老子是不同意"用有分别的方法认识宇宙人生的"。因此，对《周易·系辞》也是隐藏微词的。孔子的儒学是在太极，主要是为奴隶主服务的，道家当然要提出批评了。

三、孟子

孟子（前372—前289）[2]作为儒家的第二号历史人物，提出了"性善"论和以道德为基础的"四端论"，并初步提出了"天人合一"论。后荀子（前325—前235），即儒家的第三号历史人物，反对天命论，提出"制天命而用之"，并主张"性恶"论。

四、《周易大传》

这是战国中期到晚期的作品，是对《周易》所做的解释。其中《系辞》尤为重要，"易有太极，是生两仪""一阴一阳之谓道""形而上者谓之道，形而下者谓之器"等观念对后世造成了很大的影响。

五、《庄子》里的无极哲学思想

　　庄周（前369—前286）是战国早期宋国蒙城人，是道家的第二号人物。《庄子》[4-5]一书也是道家的代表作，目前存内篇 7 篇、外篇 15 篇和杂篇 11 篇。我们和历来大多数读者一样，认为"逍遥游""齐物论"和"大宗师"三篇最为重要，所以以这三篇为重点。

　　我们认为老子之道的精粹，重在认识人与自然的关系，主张"人法地，地法天，天法道，道法自然""无为而无不为"。从太极态的"非常道"去"法"无极态的"常道"，要"大智若愚""质真若渝"，而"知者不言，言者不知""信言不美，美言不信"。

　　庄道不仅遵守了老道，更加发扬了老道，深入人的精气神之中。

　　1. 作"逍遥游"宣扬"神化"。一开篇就是"神话"，"北冥有鱼，化而为鸟，怒飞南冥"。庄子也没有看见，是从《齐谐》上看来的。通过"至人无己，神人无功，圣人无名"来反映无的观念，直到"无何有之乡"。这才是真正的逍遥，这一切都发生在庄子的"神思"里。

2. 作"齐物论"畅言"物化"。这个题目直接点明：物与物是没有分别的，是齐一的。全论处处在论：从一物变成万物，万物其实来自一物，这就是"物化"的结果。最后，来了个"庄周梦蝶"，蝶与庄周是一是二成为千古之谜！这种事只能发生在无极态里，不可能发生在有分别的太极态里。在"齐物论"里直接提到了无极。所谓"有始也者，有未始有始也者，有未始有夫未始有始也者。有有也者，有无也者，有未始有无也者，有夫始有夫未始有无也者"。《齐物论》里提出了"方生方死，方死方生"等观念而被认为是"诡辩论"，并达到了"物我一体"的神秘主义。

3. 作"大宗师"明言"无极"，而且教人"坐忘"，从太极去无极。《老子》从太极去无极的办法是第十六章讲的"致虚极，守静笃，万物并作，吾以观其复。夫物芸芸，各复归其根"。从虚静入手，直归其根。根在哪里？在无极。"坐忘"是"堕肢体，黜聪明，离形去知，同于大通"。大通就是无极。在"大宗师"里，庄子还直接提到了"挠挑无极"，以"无极"代表"无量无边"的大宇宙。

此外，在"大宗师"里有一段非常重要的对"无极"的描述，至今无出其右者，在无极哲学史上有重要意义，故录于此："夫道，有情有信，无为无形，可传而不可受，可得而不可见；自本自根，未有天地，自古以固存；神鬼神帝，生天生地；在太极之先而不为高，在六极之下而不为深，先天地生而不为久，长于上古而不为老。"

六、释迦牟尼的无极哲学思想

这是尼泊尔的文化。当时的尼泊尔属中国管辖。释迦牟尼创立了佛教的著名学派，盛传于印度，而后传到了全世界。

我是 2007 年才开始接触佛学的，所以知之甚少，还在门外，仅从无极哲学的视角，管窥一二而已。

1. 据传，某年释迦牟尼从各地参修后回到新德里一棵菩提树下禅坐，宣称："如果这次再不能开悟，将永远不站起来了！"经七天七夜后，他终于夜睹明星而开悟了，惊叹曰："奇哉，奇哉！广大众生实有聪明智慧德相，只因分别、妄想、执着而不能证得！"这个悟的核心在于：真知正觉应是对于宇宙人生的不分别。分别就是妄想，坚持妄想就是执着。执着就不能证得不分别的"无极态"，就不能成佛。释氏经此一悟，佛学完全改观。

2011 年 3 月，我在《香港佛教》[6] 上发表了"初悟自性清净圆明体"，这确是我自 2007 年读佛学经典后的真实所悟，直到 2017 年写成了"无极哲学"一文，追根溯源还是与闻得释氏之悟密切相关的。

2.《心经》[7]所论的"照见五蕴皆空"。香港圣一法师著《心经讲记》，其中有很精彩的一笔，他认为："把 600 卷大般若经浓缩为 5000 字的金刚经，再把这 5000 字的金刚经浓缩成 260 字的心经。我现在再把心经浓缩成一句话，就是'照见五蕴皆空'。"空是什么？空是"妙有"，是"有无共存"，是"无极态"。

3.《维摩诘所说经》[8]，又名《不可思议解脱法门经》。顾名思义，此经是为众生求解脱，离开六道轮回而念的经。其中，第九品为"入不二法门品"，描述了 31 位菩萨讲述自己入不二法门的体会。大家讲完后，文殊师利菩萨请教维摩诘居士"仁者，当说何等是菩萨入不二法门"时，维摩诘默然无语。文殊师利叹曰："善哉！善哉！乃至无有文字语言，是直入不二法门。"没有文字语言，没有起心动念，"是真入不二法门"。入不二法门就是入"不分别的无极态"。这是佛学的核心思想，在无极哲学发展史上有相当重要的地位。

对于释家的《肇论》[9]，拟于魏晋玄学节中略述。

七、董仲舒

董仲舒（前 190—前 105）[2] 建议汉武帝采取"罢黜百家，独尊儒术"，并倡"天人感应"之说，由此而引发了"谶""纬"之书流行，也影响了道家的发展。后王充（27—107）[2] 著《论衡》，批判了当时流行的迷信思想。

八、魏晋玄学诸家的无极哲学思想

自 220—265 年曹丕立魏，到 265—420 年司马氏立晋，史称"魏晋时期"。这时期内学术氛围发生了较大的变化，由尊奉儒家转而崇尚道家，称《老子》《庄子》和《易》为"三玄"，并对此发生了很大的兴趣，掀起了广泛的学术争鸣，史称"魏晋玄学"，一直流传至今。今天为了探讨"无极哲学"的发展史，重新回顾此"玄学之风"颇有意味，愿和大家分享，并请指正。

老子《道德经》第一章即指出："玄之又玄，众妙之门。"何谓"玄"？东汉时有人说："玄者，天也，道也……皆引天道以为本统。""本"字仍有"天人感应"之义。到魏晋时，玄学之义与此不同，除探讨宇宙运行外用之外，更进而讨论天地万物之本体。虽然汉与魏晋之谈玄者都以道家老庄之学为依据，但魏晋时重在"辨本末有无之理"。"贵无者"，以何晏、王弼为代表；"崇有者"，以向秀、郭象为代表；以印度传来之佛学为据者，适逢其时，当以僧肇"非有非无"之说为佼佼者。三足鼎立，在魏晋二朝 200 年间争鸣不已，蔚然成风。本文略探，从大体着眼，仅构建一个框架，日后有时间再细说。

1. 贵无学说

贵无学说的代表人物是王弼[10]，其代表作是《老子道德经注》（以下简称《注》）。他以"贵无"的主要观点在此注中明确可见。如在注"无名天地之始，有名万物之母"时称："凡有皆始于无，故未形无名之时，则为万物之始。及其有形有名之时，则长之育之，亭之毒之，为其母也。言道以无形无名始成万物，以始以成而不知其所以，玄之又玄也。"贵无学说的根本立足点即在于此，"无是天地万物之本""有生于无"。当其有形有名之时，即为万物之母。母则为"万物之体"。在注到"此两者同出而异名，同谓之玄，玄之又玄，众妙之门"时，更有独到的见地，称："两者，始与母也。同出者，同出于玄也。异名，所施不同也。在首则谓之始，在终则谓之母。玄者，冥也，默然无有也。始，母之所出也，不可

得而名，故不可言同名曰玄，而言谓之玄者，取于不得而谓
之然也。"谓之然，则不可以定乎一玄而已，则是名则失之远
矣，故曰"玄之又玄"也。众妙皆从同而出，故曰"众妙之
门也"。

从此注可以明确：①始为无，终为有，所以异名，因为所
施不同而已。②"玄"就是"冥"、默然不语无有。③有无之
所出，不可得而名，同名不可言，所以称为玄。如果名之，则
失远矣。在这里，不仅讲了有无不可言，又点明了因为言不能
达意也不可言。这些都可以称之为"玄""众妙之门"，即众玄
之门也。

王弼的贵无学说，还提出了"本末"和"体用"的问题。
他主张以"无"为"体"。"清不能为清，盈不能为盈，皆有
其母，以存其形""物皆各得其一以成"。(《注》第三十九章）
"母"与"一"都是指的"无"。同时，他指出体用是一，不可
分离。"万物虽贵，以无为用，不能舍无以为体也"。(《注》第
三十八章）无是树干，是体；有是枝叶，是用。"自然之道，
亦犹树也。"(《注》第二十二章）有无共存互化就是自然之
道，道所法的自然就是如此而已，故"有之所以为利，皆赖无
以为用"。(《注》第十二章）。

2. 崇有学说

崇有学说以向秀、郭象为代表[10]。张岱年主编的《中华的智慧》中认为，郭象的《庄子注》是在向秀《庄子隐解》的基础上加工、扩充写成的，但没有提向秀的名字。张氏认为，《庄子注》应该是向秀和郭象两个人的作品。[11]

魏晋玄学争论的核心问题是"无"，对当时的大多数中国人而言，"有"的存在是没有什么"玄"的，对于无与有的主次本末关系则是有争议的。崇有学说的主要观点有：

（1）万物必以自然为正。如他们宣称"天地以万物为体，而万物以自然为正"（《庄子注·逍遥游》）。"物有自然，非为之所能也"（《庄子注·则阳》）。

（2）无不能生有。"无既无矣，则不能生有。"（《庄子注·齐物论》）"非唯无不得化而为有也，有亦不得化而为无矣。是以有之为物，虽千变万化，而不得一为无也。不得一为无，权自古无未有之时而常存也。"（《庄子注·知北游》）

（3）无形之气是"万有"的始原，但这无形之气是自然存在的，不是"无"产生出来的。如称"一者，有之初，至妙者也。至妙，故未有物理之形耳。夫一之所起，起于至一，非起于无也"（《庄子注·天地》）。

（4）崇有学说否定世上有什么"造物主"。如说"请问夫造物者有耶？无耶？天也，则胡能造物哉有也，则不足以物众形”。(《庄子注·齐物论》) 如果无造物主，无不能成物。如果有造物主，则它本身已经是有一物了。

（5）主张天地万物时刻在变化着，如称"故不暂停，忽已涉新"，"向者之我，非变今我也，我与今俱往，岂常守故哉"。(《庄子注·大宗师》)

由于当时的风潮和人心所向，乐于体验"贵无学说"之"玄妙"，"崇有学说"不占上风。况且，郭象的"独化"理论强调："每个物都是独自产出及独自变化的过程，没有更深的原因可言，一切都是自然而然的事。"显然，这种切断了事物与事物联系的观点是不符合客观事实的。后来，崇有学说的另一位主将——裴頠，提出了世界是一个相互联结的统一体的思想，纠正了"独化"理论。

3."非有非无"学说

王弼卒于 249 年，一生"贵无"。郭象卒于 312 年，一生"崇有"。僧肇[9]卒于 414 年，提出了"非有非无"之说，使魏晋玄学形成了鼎足之势，盛况空前，流传千年。

此"非有非无"说的依据是佛学的"缘起法"：一切事物都是由因、条件和果和合而成的。《肇论·不真空论》说："虽有而无，所谓非有；虽无而有，所谓非无。如此，则非无物也，物非真物；物非真物，故于何而可物？故经云：色之性空，非色败空。夫明夫圣人之于物也，即万物之自虚，岂待宰割以求通哉。"又说："欲言其有，有非真生；欲言其无，事象既形。象形不即无，非真非实有。然则不真空义，显于兹矣。""自虚"在佛学即为"空"。"空"又叫"妙有"。"不真空论"的结论是："故经云：甚奇世尊，不动真际，为诸法立处。非离真而立处，立处即真也。然则道运乎哉，触事而真。"这是说：一切现象的根据是"真体"，都是离不开真体的，触及任何现象就是触及了"真体"，世间万事万物和真际是相即不二的，僧肇之所以会入佛门是和他读了其师鸠摩罗什所译的《维摩诘所说经》有关的。此经的第九品"入不二法门"，则相当于《庄子》的齐物论，就是论宇宙间一切"无分别状态"的。"不真空论"是论的"有无无分别状态"，"物不迁论"就是论的"动静无分别状态"，"般若无知论"则论"般若与无知的无分别状态"，如此而已。

汤用彤先生在论及魏晋玄学与佛学的关系时认为："玄学的产生与佛学无关。"[12]当然，释迦牟尼在菩提树下悟得"众生因分别、妄想、执着而不能证得"在先，玄学"论有无，辩言意"在后，二者间有什么因果关系的证据不足。但是，僧肇的"非有非无说"与《维摩诘所说经》第九品"入不二法门"

之间的密切关系则是难以否定的。

范缜（448—515）著《神灭论》，提出了"形质神用说"，从根本上否认了"神不灭"论。当时还有"言意之辨"和"声无哀乐之论"。这个时期的百家争鸣总称为"魏晋玄学"。

九、宋明理学

周敦颐（1017—1073）所著《太极图说》，提出了"无极而太极"，虽然轰动一时，但对无极并无实质性的论述，一晃而过。张载的"气本论"、朱熹的"理本论"和王阳明的"心本论"，确是在哲学方面做了深入的研究。王夫之发展了张载的学说，著《读四书大全说》《周易外传》及《思问录》等，为明清之际集哲学大成者。

十、清以后

西方文化在枪炮的护送下长驱直入，侵入我中华大地，企图摧毁我中华文化，确也达到了部分目的。中华人民共和国成立迄今，经我中华民族前仆后继，浴血奋战，复兴我中华之大计，必将指日可待也！

以上仅仅对传统哲学史上几个主要学派做一略探，以示其梗概而已。

十一、无极哲学创立过程略述

1976年，我从农村巡回医疗过程中悟到了病理体质，1977年发表了"体质病理学研究"[13]。当时，对人体体质下定义很明确：《灵枢·通天》明文写着"众人之属，不知五态之人者，故五五二十五人，而五态之人不与焉。五态之人，尤不合于众者也"。体质与气质是不同的。所以，在我的人体体质概念中只讲体质，不包括气质，这是《内经》的原则。但有人不知什么原因会视而不见，把气质杂于体质概念中，以致他的体质分型也不伦不类。但是，《内经》里又确有"形神合一"的提法。这又该如何理解呢？这个问题长期困扰着我，不知该如何理解！到1991年《人体体质学——理论、应用和展望》[14]第一版出版时，这个问题仍未解决。这一时期，我对《周易》《老子》和《庄子》研读较多。

我不是佛教徒，不懂佛学，但也不反对佛学。直到2007年，读到了妻子生前留下来的与佛友们结缘的书《佛说阿弥陀经》和《观世音菩萨普门品》，开始理解经典佛学不是迷信，而是生命科学。禅宗的学理更深，不是一般人所能领悟的。至今，我还不敢讲学到了多少，只觉得对宇宙和人生的认识和以往是不一样了！2010年10月，我开始反复听取净空法师主讲的《修华严奥旨·妄尽还源观》碟片，每套48集，每晚2集，我连听了7遍，达一年有余。后来在2011年3月第610期《香港佛教》上发表了"初悟自性清净圆明体"[6]，谈了自己的体会。依稀看到了混混然的光明一片！

2011年9月，全国"中医关于睡眠疾病诊治规范研究与临床科研新进展学术交流会"邀我作"情绪与体质"[15]的主题报告。我在报告中论述了"匡氏无极图说"，提出了"有形无极"之状态，此时"形神同一"，到了"太极两仪"时，则为"形神合一"。《灵枢》所讲的"形神合一"是对形神在"太极态"的描写。但《灵枢》明确体质与气质的分类是不能混淆的，五态之人与阴阳二十五人是各自有分型标准的，哪能眉毛胡子一把抓呢？

2012—2013年，我去香港工作，有机会受到佛学界高僧大德的更多指教，并有缘会见了第十二世努巴仁波切。

2014年，我回到了故乡无锡，住进建立了1480余年的古刹长泰禅寺，潜心研读《黄帝内经》，先后发表了"神会上古天真论"《黄帝内经》的神本论研究""人类生命与元神作意"和"中华崇悟文化赞"[16]等文章。2017 年完成了"无极哲学"[1]，蒙著名哲学家沈善增老师审定，在《上海中医药大学学报》于 2018 年第 1 期第 1 页发表。这篇论文中明确地提出了 20 字的"无极哲学赞"，概括了整个无极哲学的主导思想。2019 年我编写了《无极哲学》，经过 2 年的深思，对无极哲学的发展史做了粗略探索，提出了无极思维方式和无极派抽象艺术等观念。

最后自问："无极哲学"对人世间有什么意义呢？ 2019 年 8 月 17 日，我在曲阜召开的第四届全国自然国学学术研讨会上，根据会议主题精神发表了"无极哲学和新整体观"，扼要地回答了这个问题。今将此文引刊于本书中。

2019 年 11 月，我在长泰禅寺无极书斋落成典礼上，散发了"无极哲学"推广提要。今将此提要作为附件，放在书后，供同好们参考。

十二、结语

这篇结语标志着一个议题告一段落，另一个新议题即将开始。

公元前 10000 年左右，伏羲氏一划分天地，从此"易分两

仪"而入太极态。老子和庄子似乎不太同意，想回到无极态
去。老子认为"有生于无""正反离合"，并提出"致虚极，守
静笃，万物并作，吾以观其复""归根曰静，静曰复命"，复到
无极态中去。庄子则主张"逍遥""齐物"。通过"神化"，理
清"物化"，拉平万物之分别，通过"心斋"和"坐忘"也想
回到无极态中去。释迦牟尼在菩提树下禅坐而悟到"众生原有
智慧德相，只因分别、妄想、执着而不能证得""无极态"。

　　到了汉代，董仲舒提倡"罢黜百家，独尊儒术"，使老庄
道家等都受到了排斥。直到魏晋，一些仁人志士觉得儒术不
妙，想离开"君统"，故复兴老庄之学，向往"玄之又玄"。世
称此为"魏晋玄学"。我从无极哲学的观点略作分析，发现
"无有之争"与"言意之辩"并未涉及最玄之处，而仍在太极
态里争来争去，是"无为本"还是"有为本"？是"言不达
意"还是"言能达意"？其实，最玄之处应在无极态，是根
本不分有无的，因为有无是共存的；也根本不分言意，因为
既没有言，也没有意，连"起心动念"都没有，这个状态是
什么样子的？玄学家们根本想都没有想过，无从争起。当时
佛学已经进来了，僧肇根据佛学"色即是空，空即是色"，倡
"非有非无"之说，"贵无"和"崇有"都不对了，此说当时独
领风骚。今天，按愚见，僧肇是从"非"论"有无"的。其

实，有无是共存的，如果一边是"非有非无"，再补充"亦有亦无"，然后是"非有非无与亦有亦无共存"。此说就是无极哲学。（2015 年 2 月，我买了一本王葆玹著《黄老与老庄》[18]，当时我正在写"神本论"，无时间马上读。刚刚有朋友建议我读读黄老之学，我翻了翻这本专著，才发现了郭象曾有"亦有亦无"之说。当然，他还没有到"无极"。我是从"无极思维""有无共存"来看"非有非无与亦有亦无"的。）

大家继续探索老、庄、释之论，且不必抹去伏羲氏那一划，但要研究"易学"之前的状态，即无极态该是什么样？今天，我说是这个样："有无共存，正反离合，隐显有序，两极相望，一念往返。"对目前人类主要关注的太极态而言，进入无极态应该是一个新的开端。无极哲学或可成为进军无极的一面理论大旗！

现在，国内外有很多学者在提倡研究暗物质、暗能量、多时空。我是非常赞赏的，因为这些就是"隐"，主要在无极态。"显"在太极态。二极是相望的，往返靠"一念"。这一念就是精神的"神"，是心物同一的，是隐显共存的。今后全世界研究的重点，可能会由物质转向这里。对此，中国传统文化极具优势，请多珍惜！

魏晋时代的争鸣称"玄学"。无极哲学比玄学的玄更玄，到无极去靠"悟"，靠"悟学"。本书中有"中华崇悟文化赞"
和"无极思维论"，可供参考。

　　道家《行气玉佩铭》[19] 称："顺则死，逆则生。"顺是顺
着太极发展，逆是回归无极。大家仔细琢磨那无极，争取个个
健康幸福，长命百岁！！

___

主要参考文献

［1］匡调元.无极哲学.上海：上海中医药大学学报，2018（1）：1

［2］张岱年.文化与哲学.北京：教育科学出版社，1989

［3］沈善增.还吾老子.上海：上海人民出版社，2005

［4］沈善增.还吾庄子.上海：学林出版社，2001

［5］庄周原著，张耿光译注.庄子全译.贵阳：贵州人民出版社，1991

［6］匡调元.初悟自性清净圆明体.香港佛教，3月第610期

［7］圣一法师.心经讲记.香港：宏大印刷制本公司，2009

［8］维摩诘所说经.香港：佛教导航精舍印，2008

［9］僧肇.肇论.香港：佛光文化事业有限公司，2012

［10］王德有.魏晋玄学.上海：东方出版中心，2010

［11］张岱年.中华的智慧.上海：上海人民出版社，1989

［12］汤用彤.魏晋玄学论稿.上海：上海古籍出版社，2001

［13］匡调元.体质病理学研究.成都中医学院学报，1978（2）：1

［14］匡调元.人体体质学——理论应用和展望.上海：上海中医学院出版

社，1991

[15] 匡调元. 情绪与体质. 中医关于睡眠疾病诊治规范研究与临床科研新进展学术交流论文集，上海，2011

[16] 匡调元. 太易心神学. 北京：中国中医药出版社，2019

[17] 匡调元. 无极哲学和新整体观. 第四届全国自然国学学术研讨会会议宣读论文，曲阜：曲阜师范大学国学院，2019

[18] 王葆玹. 黄老与老庄. 北京：中国人民大学出版社，2012

[19] 行气玉佩铭，1975年长沙马王堆汉墓出土文物，是我国现存最早的气功理论文物资料

初悟自性清净圆明体

　　"自性清净圆明体"是佛学著作《修华严奥旨妄尽还源观》的总纲。此画（图 1）是我读此文后对生命的感悟。一张白纸，什么都无，什么都有。

　　我的体会：①经典佛学绝不是迷信，而是高等哲学，主

图 1　一张白纸

张"心物不二""众生一根""依正庄严";也是生命科学,因为其研究生命的终极问题是"生"与"死"。(请读美国心理学家 Brian L. Weiss 著的《前世今生来生缘》)"都摄六根,净念相继"的境界,通过信、解、愿、行,自己去体验是可以证得的。②经典佛学是人体科学,因为其研究的重点之一是身(肉体)与心(精神)、灵魂、自性的关系及去留问题。③经典佛学是顶级的思维科学,因为其研究的核心问题是"灵性(自性)"是什么,以及它与思维在不同时空维次的转换问题(请读《南怀瑾选集》和《庄子諵譁》)。

何谓自性?唐代慧能在开悟时说了五句名言:"何期自性本自清净,何期自性本不生灭,何期自性本自具足,何期自性本无动摇,何期自性能生万物。"此画能反映这五句名言的基本精神。

此画看似一张白纸,其实,它表示的意义非常丰富,至少:①表示空,表示隐。空不是无,是原始,是道,是老子"常道"的能生"一"的"道",是妙有。②表示"一",可大可小,大小一如,表示"不二法门",故无执着,无分别,无妄想。③表示"能生万法"。一张白纸能画出任何最美、最好的画。④表示清清净净,无一尘污染,无一色污染。⑤表示无时空,无始无终,无量无边,不可穷尽。⑥表示"寂静不动"，不起心，不动念，无念无相。⑦表示不生不灭，不增不减，始终如一，故是永恒的。⑧表示华严"常寂光土"的美妙境界。⑨如此等等，只是方便说法，要知其内容包罗万象，一切俱足，确实不可思议，不能尽言。⑩一张白纸显示"一切法，无所有，毕竟空，不可得"。此乃如来真实义。希望摆脱了我身、我相、我见、我爱的自性，能远离嘈杂喧闹的五浊尘世，去那大放光明、天籁轻扬、诸上善人聚会的瑶池之滨。其实，此情此景就在这幅画里，妄尽还源嘛！

今天您或许听不懂这些话，看不懂这张画，甚至反对这些观点，不要紧，不要急于下结论。艺术本来就是只能意会，不能言传的。来日方长，大家各自慢慢去修炼，去体悟吧！

（原载《香港佛教》2011 年 3 月第 610 期第 13 页）

情绪及其调控

图 2　梦

　　梦：一对恋人相对而立，彼此情深对视，背景怡人。（图 2）

　　人在床上睡着了，若脑子里无梦时是无思无为的无极态；当有梦时就入梦态：升官发财、杀人放火……稀奇古怪，无奇不有。过了一会儿，梦没有了，又回到无极态。

　　我一直在猜想：无极态和梦态怎么会"一念往返"的？不知当代思维科学研究得如何？

　　情绪与体质都是每个人须臾不能离开的东西，但"百姓日用而不知"。喜、怒、哀、乐等是情绪，常年怕冷或怕热等是体质，但它们的重要性尚未受到人们的普遍关注。至于两者的关系将涉及心理与生理、气质与体质，以及思维与存在、精神与物质等哲学问题。

　　长期以来，我对心理学很感兴趣，对情绪心理学[1]的兴趣尤大。我在1979年研究了"心神病机论"[2]，2003年研究了"气质体质学"[3]，今天又来讨论"情绪与体质"，但我始终不是心理学家，只是一个业余爱好的门外汉而已，所以，难免会说不少外行话，请大家批评指正。下面分四个层次作粗略的探讨。

一、情绪心理学的若干概念[4]

　　为了认真研究情绪与体质的关系，先了解一些心理学的基本概念是很有必要的。

1. 情绪（emotion）

　　情绪是人对客观事物态度的体验，是人（包括动物）所具有的一种心理形式，具有独特的主观体验形式（如喜、怒、悲、惧等感受色彩）、外部表现形式（如面部表情）及其独特

生理基础（如大脑皮层及皮层下部位的特定活动）。[1、2]

2. 情感（feeling）

就脑的活动而言，情感与情绪是同一物质过程的两个侧面或两个着眼点。情感作为一个感性反应的范畴，着重于表明情绪过程的感受方面；情绪着重于表明情感的过程，着重于描述情感过程的外部表现及其可测量的方面。

3. 感情（affection）

感情是作为情绪、情感这一类心理现象的笼统称呼来使用的，广泛地被使用于日常生活用语中。

4. 情绪体验或情绪意识（emotional experience or emotional consciousness）

情绪体验或情绪意识是对情绪状态的一种描述性术语，指在人的主观上出现的，即在主观上感受到、知觉到或意识到的情绪状态。例如对愉快或悲伤、愤怒或惧怕等均各有不同的主观体验。

5. 情绪表现（emotional expression）

情绪表现或译成情绪表达、表情，指情绪在有机体身体上的外显表现，包括身体姿态、语声和面部表情。表情是研究情绪现象的主要客观指标。

6. 情志

情志是中医学的术语：有所谓"七情"（喜、怒、忧、思、悲、恐、惊），是指精神情志变化的七种表现，是对外界事物的反应；还有所谓"五志"（喜、怒、忧、思、恐），即五种情志；亦泛指各种精神活动。这些活动失调则可引起病理性功能亢进、气机紊乱或脏腑真阴亏损，称"五志化火"。

7. 认知（cognition）

认知具有泛指认识活动或认识过程之意。情绪的认知理论认为，情绪是在认知对信息加工过程中产生的，特别是在当前的认知加工或评价与原有的内部模式不一致时产生的，强调情绪受认知的制约。

8. 气质（temperament）

气质是表现于神、态、意、识、言、行及风度之中的一种比较稳定的个体心理特征，是在禀赋阴阳多寡的基础上以及后天境遇等影响下形成的，而后者更为重要。

二、情绪生理学——心神病机论[2]简介

1980 年，我在《中医病理研究》中写了一章"心神病机论"，详细地探讨了中医学关于心与神、精神与物质、情绪与

脏腑活动之间的相互关系，并对病机原理做了初步探讨。今天
读来尚未过时，但有了些发展，请看图3。详细解释，请参考
原文，这里就不占篇幅了。

图3　情绪与生理病理关系示意图

三、情绪、气质与体质

情绪是如何形成的？人体的内部结构与情绪产生的机理关系如何？情绪形成与气质、体质类型有何关系？情绪形成有先天倾向吗？情绪怎么会失控？怎么知道情绪失控了呢？失控了怎么办？这一系列问题在当前情绪心理学界尚未有满意的解决方案，也正是本文准备逐一探讨的课题。

请先看图4：

$$S（内、外刺激）\rightarrow \boxed{C\text{-}T（体质与气质）\;—\;C（认知）\;—\;E（情绪）}\rightarrow R（反应）$$

图4　情绪反应模式

这说明情绪是由内外刺激作用于人体后才产生的。如果没有刺激就不会产生情绪，或者有刺激而人体不反应也不会产生情绪（这一点很重要）。产生了情绪一定会有反应，如果没有反应，我们就无法知道此人有什么情绪。

再看那情绪的内部结构与其产生机理图（图5），这是一个极为复杂的过程，我们将逐项予以解释。

```
①身外刺激（ext. stimulation）：天时、地理、人事
              │
              ▼
┌─────────────────────────────────────────────────┐
│  ┌───────────────────────────────────────────┐  │
│  │ ②身（形）（体质）（constitution）：生理结构：五脏六腑、眼、耳、舌、身 │  │
│  │      ↕── 身内刺激（internal-stimulation）       │  │
│  │ ③心（神）（气质）（temperament）：心理意识、七情、五态、五志 │  │
│  └───────────────────────────────────────────┘  │
│              │                                    │
│              ▼                                    │
│  ④认知（cognition）                               │
│  ⑤情绪（emotion）                                 │
│                                                   │
│   阳性情绪 ◄──► "0情绪" ◄──► 阴性情绪              │
│                            ⑦变态情绪             │
└─────────────────────────────────────────────────┘
              │
              ▼
┌────────────────────────────┐      ┌──────────────┐
│ ⑥反应（reaction）            │ ◄──  │ ⑧调控（防治）  │
│   │    ╲    ╲    ╲          │      └──────────────┘
│   ▼     ╲    ╲    ╲         │      ┌──┐  ┌──────────┐
│ 面部表情 神、色、形、态 行为 语言 │ ◄─ │诊断│  │望、闻、问、切│
└────────────────────────────┘      └──┘  └──────────┘
```

图 5　情绪与气质、体质、认知关系

1. 身外刺激

身外刺激包括天时六气、六淫（风、寒、暑、湿、燥、火）、地理位置、水土环境及社会人事交往等。进一步分析，则凡人体能感受到的东西都是刺激，如色、声、香、味、触、法，前五种为物理性的东西，"法"则是哲理性、意识性、精神性及规律性的东西。作为刺激本身而言是中性的，只有强弱之分，但对人体而言，刺激经人体"评价""分化"而有扬弃，其评价

标准常为好恶、利害及公私等。如果能控制自己不接受内外界刺激，那么情绪便不会产生，所谓"都摄六根，净念相继"。

2. 人体是十分复杂的

首先要关注的是"身（形）"。这是指这个活生生的人体，它既概括了西医学的各个解剖结构系统、生理功能系统及物质代谢系统，也包括了中医学的五脏六腑、经络、气、血、精、津液等，这些体内正常的或病理的过程与结果都可以构成内在刺激。这里要强调的是，眼、耳、鼻、舌、身、意六种接受外来或内在刺激的感受器，前五种大家都好理解，唯"意"是什么不好理解。"意"是西医学中枢神经系统的功能，是中医学"心"的功能。此外，还有一些中医学一直很强调，但迄今为止仍说不清的东西，如魂、魄等。

1977 年前后，我在中国传统文化的熏陶下，结合自己长期的中西医临床实践后提出了"病理体质"的概念，并倡导将人体体质分成六种主要类型，即正常质、倦㿠质、迟冷质、燥红质、腻滞质和晦涩质。当时，为这些体质类型命名时就考虑到各型同时蕴含的气质行为特征，故选了常、倦、燥、迟、滞、涩等字。1991 年创立了"人体体质学说"。[3]

3. "心神"

如果心神连在一起时，心是结构、器官与物质，神是精神、思维、心理意识、功能。如果"身心"同用时，则心又可以含有"神"的内容，还包括七情、五志、五态等。

古今中外对气质（temperament）的研究由来已久[5]，《灵枢》[6]中有"五态之人"学说，即所谓太阳之人、太阴之人、少阳之人、少阴之人和阴阳和平之人。在西方气质心理学[7]中则有 Hippocrates、康德（Kertschmer）、Sheldon 及巴甫洛夫的神经类型等气质学说。

为什么在此要讨论气质与体质？因为它们与情绪形成的关系极为密切，且是迄今为止西方情绪心理学几乎尚未涉及的内容，而中国传统文化对此却有独到的认识。现拟探讨两个问题：①精神与物质、气质与体质的关系问题；②二者与认知的关系问题。请先看我的"匡氏无极图说"（图6）。

首先，匡氏无极图说最上端是"虚空"，示无形、无内无外、无边无际、非动非静，什么都没有，却什么都在其中，有序而隐，能生万物，但人们什么也看不见、摸不着。因为这是眼、耳、鼻、舌、身、意感受不到的，不可思议的境界。此为不可道的"常道"。

其次是似有形似无形、似显未显的境界。在"虚空"与"有形"之间，"非道而道"。

图 6　匡氏无极图说

　　第三是有形无极。此时将动未动，似静非静。《易学》称
此为"机"。此时，无所谓有无，无中有有，有中有无，是
"有无同一"；也无所谓"形神"，神中有形，形中有神，"形神
同一"。此为"一"，但"如如不动"。

　　第四是太极。无极之内原本有序之有无、动静，一时共显
即分为两仪，是为阴阳两极，有无、动静、内外、主客、形

神、气质与体质"一分为二"或"合二为一"全在此时，统统显现。此为"二"。一般人见二不见一，圣贤见二更见一。此时即为"可道之道"的"非常道"。

整体之一加两个局部之二，或阴阳交界互渗、过渡与转化之处为一，再加二即成"三"。然后，"三生万物"，或"两仪生四象，四象生八卦，八卦生万物"。《内经》强调的"形神合一"，就是这里强调的"气质与体质合一"，其根本原理即在于"太极生两仪"的阶段。

北宋著名易学家周敦颐著《太极图说》[8]称："无极而太极。太极动而生阳，动极而静；静而生阴，静极复动。一动一静，互为其根，分阴分阳，两仪主焉。"我们不赞成这种崇阳抑阴的"先动后静论"，而是主张由"如如不动"到"动静一时同生论"，并无先后次序。这是本文与众不同之"新说"，我称之为"匡氏无极图说"。

4. 认知

认知是内外刺激作用于人体后，此人用他的意识、思维对刺激的性质进行分析、判断、评价和体验的过程，然后根据认知的结果做出自认为最合时宜的反应方式。反应即是态度，包括表情和行为，这时的人体体验即是情绪。如前所说形神是合一的，气质与体质是合一的，什么样的形即有什么样的神，什么样的体质即有什么样的气质。[9]气质心理学证明什么样的气质即有什么样的心理特征，即对内外刺激即产生个性化的反应方式。体质是物质基础，气质是精神状态，二者合在一起形成了一个具有个性特征的三棱镜，内外刺激是投射到此三棱镜上的光，经此镜折射分解成红、橙、黄、绿、青、蓝、紫七彩光谱，这个折射过程便是认知与体验的过程。人体既然受先天遗传和后天境遇的影响而出现了个性化，那么认知必将随此三棱镜的个性而化。这是我们为情绪心理学提出的"三棱镜理论"。

此外，在日常生活中我们常见不同的人对同一情境的反应是不同的，这既受气质、体质类型的影响，同时也受教育素养的制约。同样一句不堪入耳的骂语，一个人可以暴跳如雷，另一个人却可以若无其事，其中认知是关键所在。这已是许多情绪心理学家的共识，我们认为那块个性化的三棱镜则是关键中之关键。

5. 情绪

国外情绪心理学[4]将情绪分成 8 种主要原始感情：兴奋与激动、享受与快乐、惊奇与吃惊、愤怒与狂怒、苦恼与痛苦、厌恶与轻蔑、羞愧与羞辱及恐惧与恐怖。其实，情绪没有如此简单。随着个体体质与气质的差异、刺激的质与量的不同，以及天时、地理、人事环境的变化，情绪的种类是无穷无尽的。如果真是如此，那人类将无法掌握、更无法调控情绪了。所以，我们将生理性情绪简化成三类：

阳性情绪—"0情绪"—阴性情绪。

阳性情绪（如愉快类情绪）对人体起兴奋作用；阴性情绪（如痛苦类情绪）对人体起抑制作用；"0情绪"（内无体验，外无反应）就是人处于"如如不动"的"无极"的"一"的境界中。这是我们提出的新概念。

情绪是每一个人对每一件事必有的反应，如果阳性情绪限制在一定的生理"度"之内是好事，有利于身心的健康；阴性情绪则不利于健康。如果情绪超过了生理性的"度"则不论阴阳都称为变态情绪；如果程度严重，持续时间较长，不论过与不及都对身心不利，轻则累及个人，重则祸及社会。"0情绪"时则"天地与我共存，万物与我为一"了。

6. 情绪的反应形式

"有诸内，必形诸外"，这是万事万物运行的规律。内有体验，外必有表象。我把情绪的表象主要分为三大类：第一类是面部表情。这是最直觉、最重要、最丰富多彩、最复杂多变、最引人入胜的反应。喜、怒、哀、乐必形之于面部，或喜笑颜开，或怒目相向，或泣不成声，或眉飞色舞。第二类是语言。"言为心声",语言是心理活动的直接反应,丝毫不爽,即使说假话也是其心理活动的反应。当然用语言表达情绪有它的局限性,很多体验是"只能意会,不能言传"的,所谓"言语道断"。第三类是体态行为。国外称此为"非语言交流"。神色、形态都可以是情绪的外在表现。轻微的情绪反应仅是仪态上的细微变化,严重的情绪反应则可以是杀人放火。中医学的四诊,望、闻、问、切对观察情绪变化是非常高明而有用的。如果细读《周易》"象论",对此理解或能更深些。

观察人的表情时,有三种境况当细加甄别。一是间谍,生死已置之度外,泰山倾于前可"面不改色,心不跳"。二是演员,说笑就笑,笑声震天;说哭就哭,泪如泉涌。他们对表情体态的掌控是训练有素的,都是表演艺术家。第三类是真正的高僧,常处于"0 情绪"境界,"如如不动"而高深莫测!

7. 变态情绪的反应方式

变态情绪的反应方式也是无穷无尽的,严重时可发展成精神病。有人说:"19 世纪威胁人类生命最严重的是传染病,20世纪是癌症及心脑血管病,21 世纪则是精神病。"我看此话是有一定道理的。试看当今犯罪率、自杀率、离婚率等日益严重,不说别的,酒后驾车与情绪失控也不无关系呀!

抑郁症与焦虑症是较常见的变态情绪。失眠、多梦仅是变态情绪较为常见的症状而已。

讨论了那么久，其重点还是在于对变态情绪如何调控的问题。为此拟先提出一个重要问题，即三种"生命态"的概念（图7）。

觉醒态 ←——→ 定态 ←——→ 睡眠态（包括梦境）
（催眠态、气功态、寂静态）

图7　三种生命态

觉醒态与睡眠态的概念大家都知道，但此时人体内究竟发生了什么？实验材料很多，可是很遗憾，到目前为止，现代科学对其中很多根本问题尚未解决。中医学说：卫入营则寐，卫出营则寤。什么是卫？什么是营？没有说清楚。巴甫洛夫说：大脑皮层处于普遍的兴奋状态为醒，处于普遍的抑制状态为睡，部分兴奋为梦。我是比较愚昧的，每天自己也不知道怎么入睡的，稀里糊涂地睡着了；后来又不知不觉地醒了，也不是我想醒才醒的，第二天有事，一定要靠闹钟提醒才行。梦是常有的，真是"梦里明明有六趣，觉后空空无大千"。梦至今仍是一个谜[10]，思维科学该好好研究这个问题。可以肯定地说，梦是人类在太极态而思维在另一个时空的状态。不一定是无极态。弗洛伊德的潜意识理论也是一种独特的理解。

图 8　另一时空

梦：另一时空。（图 8）

这是梦境，有弗洛伊德的影子。其中一个跳芭蕾舞的女演员是代表
"性"的，背景是随意的、痕迹性的飘忽状态。

在此要重点探讨"定态"的概念。"定态"这个概念是我受钱学森"功能态"[11]学说的影响后提出来的，但其具体的内容则在中国传统文化中多有记载，绝不是我的发明。曾参所著《大学》[8]一开篇即说："大学之道，在明明德，在亲民，在止于至善。知止而后有定，定而后能静，静而后能安，安而后能虑，虑而后能得。"这里的"定"，就是说的"定态"。

《庄子》附有"心斋"与"坐忘"之说。什么叫"心斋"？"若一志，无听之以耳而听之以心，无听之以心而听之以气。听止于耳，心止于符。气也者，虚而待物者也。唯道集虚。虚者，心斋也。"心中空灵之极而无一物谓之"虚"，谓之"定"。何谓"坐忘"？"堕枝（肢）体，黜聪明，离形去知，同于大通，此谓坐忘。"大通就是前述无极之境界，到了这里，似乎什么也没有了，人才入"定态"。

在释家则有"禅定"之说。何谓"禅定"？惠能著《坛经》说："外不着相为禅，内不动心为定。"这是明心见性，自性寂静不动的境界，就是"定态"。

我体会的"定态"就是"0情绪"状态，即阳性情绪、阴性情绪统统寂灭后的状态。这种状态不是一般人所能发现、所能感受到的，一要靠觉悟，二要靠训练。这全靠自己，别人无法替代。这是控制情绪的最高境界、最佳办法，也最轻灵、最彻底。史载，五代宋初，著名道学家希夷先生陈抟（871—989）寿命118岁，有睡功，一觉能睡一月多是常事。一次，与好友壶公、赤松子、吕洞宾同游华山，他以"睡功"自矜，唱道："……洞中睡来几载，流霞独饮千杯，逢人莫说人事，笑指白云去来。"陈抟所谓"睡功"，可能是"入定"中的一种，不是一般人的睡眠过程，是"成道"的真功夫，是我国传统文化的宝藏。[12]

止定、坐忘、心斋、气功、禅定及催眠术等都是值得深入研究的大课题，与人类的前途直接相关。这是调控情绪的第一项措施。

第二项措施是道德教育。取老庄之学与孔孟之道的精华教育全民，从产生情绪的认知环节入手，诱导"认知"走向为善、为公的方向而不要走向反面。这一点在我国有得天独厚的优势。

第三项是最末流的办法，由医生来做，即辨质（体质与气质）论治、辨证论治和辨病论治。我在临床看病时一般都开三个方子：一是中药方，二是食养方，三是调心方。调心主要是给患者讲其生病的道理，讲治病的根据，晓之以理，以解除患者心中的顾虑与恐惧，这是治精神、治思想，也是调治情绪。用药与食调体质为主，这是治形，调体质即是调气质。用语言调气质为主，这是治神，调气质即是调体质。这完全符合本文所说"形神合一"之理、"身心同治"之法，疗效是相当令人满意的。

四、小结

回顾本文共探讨了 7 个问题：

①本文以"心神病机论"作为情绪生理学的基本原理是具有中国传统医学特色的。

②对情绪的形成过程提出了一个模式（图 4）。

在此模式中，"认知"过程是核心环节，它是受体质类型与气质类型制约的，换言之，是受先天因素和后天因素共同制约的。于是，本文提出了情绪生理学的"三棱镜理论"。

③为了论证从"形神同一"到"形神合一"的易学原理，本文对由无极而太极的演化过程做了阐发，同时对周敦颐的"太极图说"提出了异议，另作"匡氏无极图说"，以此为气质体质学的深入研究提供哲学基础。

④强调了情绪在日常生活中的意义。老百姓自我调控情绪对建设和谐社会、和谐世界不仅具有重大的理论意义，更具实实在在的现实意义。

⑤本文提出了"0情绪"和"定态"两个新概念，并认为这是对病态情绪做自我调控的主要措施。道德教育将影响认知环节，可调控情绪发展方向。

⑥结合"0情绪"与"定态"的概念，研究梦或许有所突破。

⑦气质体质学在人体体质学理论体系中是一个分支学科，如能结合情绪心理学进行深入研究，将为人类社会做出更大的贡献，必将造福众生。

（原载《中医关于睡眠疾病诊治规范研究与临床科研新进展学术交流会论文集》，上海，2011年9月）

主要参考文献

[1] 詹姆斯·格里斯. 情绪调节手册. 桑标，马伟娜，邓欣媚等，译. 上海：上海人民出版社，2011

［2］匡调元．中医病理研究·心神病机论．上海：上海科学技术出版社，1980

［3］匡调元．人体体质学——中医学个性化诊疗原理．上海：上海科学技术出版社，2003

［4］K.T.斯托曼．情绪心理学．张燕云，译．沈阳：辽宁人民出版社，1986

［5］杰罗姆·卡根．气质天性．张登浩，罗琴，译．北京：中国轻工业出版社，2011

［6］陈璧琉，郑卓人．灵枢经白话解．北京：人民卫生出版社，1962

［7］简·斯特里劳．气质心理学．阎军，译．沈阳：辽宁人民出版社，1987

［8］裘仁．中华传统文化精华．上海：复旦大学出版社，1995

［9］匡调元．再论人体体质与气质及其分型．中国中医药学刊，2011，29（7）：1478

［10］罗建平．夜的眼睛——中国梦文化象征．成都：四川人民出版社，2005

［11］钱学森等．论人体科学．成都：四川教育出版社，1989

［12］龚方震．道家杂家神仙家故事集．上海：上海社会科学院出版社，1995

无极思维论

人类生活在世界上，一直在认识着环境，同时改造着环境。前者靠思维，后者靠行动。回顾人类历史，往往可见什么样的思维就会伴随着什么样的行动，于是产生什么样的环境。

2018年1月我发表了"无极哲学"一文，今随之讨论"无极思维"。

一、何谓"无极思维"

下面，先对此概念作一简要分析。

1. "思"是人类大脑的一种精神活动，"计虑"的意思，《梁简文》说："发虑在心谓之思。"[1]

2. "思维"，通俗地讲就是指动脑筋或动脑筋的过程。

3. "思维方式"则是哲学和逻辑学的术语。朱伯昆《易学基础教程》[2]说它"是人类观察世界，认识世界，从而指导自己改造世界的思想方法"。他总结《周易》的思维方式有五种，包括直观思维、形象思维、象数思维、逻辑思维和辩证思维。对此，该书做了简明而扼要的论述。《易》是研究太极的源头，可以称为"太极思维"。

4. 钱学森在《关于思维科学》[3]中建议成立一门"思维学"。思维学又可细分为抽象（逻辑）思维学、形象（直感）

思维学和灵感（顿悟）思维学三个组成部分。

太极思维认为世界一分为二，阴阳对立，是中国人自先秦至今几千年来的习惯性思维方式。《易经》所见现象及其规律是符合客观事实的，但有片面性，要与"无极思维"互补成一体后，才是全面的。

何谓"无极思维"？有无、正反、隐显，一体而两可，共存而对立，互化的思维方式。其与"太极思维"也是一体、两可、共存、对立、互化的关系。"无极思维"属于灵感思维方式。我概括的"无极哲学赞"[4]是灵感思维的产物。这是前人强调不够之处，但正是"无极思维"重要之处。

二、无极思维的主要内容

前述各种思维方式都有其特定的内容。这在古今中外的哲学著作中论之甚详。无极哲学也有其特定的内容，虽然在《道德经》《庄子》及诸多佛经中早有蕴涵，但都比较深奥，不露难明，今概括、提炼成"无极哲学赞"则比较简明。当然，需加以说明，才能为广大人民群众所理解、所接受，并接受他们的批评指正。

无极思维最根本的特征在于"无分别"，即宇宙中的一切，最原始时是无分别的、同一的，我称此为"无极态"[4]。当一分为二时，即入"太极态"。即使合二为一，称为"合一"，貌合神离，仍然是"太极态"。中国先秦时代的传统哲学就是这样发展过来的。"无极而太极"，就是从"道生一"到"一生二，二生三，三生万物"[5]，老子讲"无中生有"，庄子讲"齐物论"[6]，《维摩诘所说经》[7]讲"不二法门"。今根据他们的理论加以概括，我提炼成"无极哲学赞"，即"有无共存，正反离合，隐显有序，两极相望，一念往返"。[8]

1. 有无共存

在一般人的思想里，宇宙万物，有就是有，看得见，摸得着；无就是无，看不见，摸不着。在科学家的眼里要深一些，有时看不见、摸不着的可能还是有，如空气看不见，但还是有的。因为人的感觉器官能力有限，可以用特定的仪器设备测得出。只有当用任何方法都测不出了，才能叫无，叫不存在，这是在"太极态"里。

如果在"无极态"里则不然。无极态里根本就无所谓有，也无所谓无，有和无同为一体，不存在有和无的区别。老子称此为"道"。《道德经》二十一章说："道之为物，惟恍惟惚。惚兮恍兮，其中有象。恍兮惚兮，其中有物。窈兮冥兮，其中有精。其精甚真，其中有信。"道是什么？恍恍惚惚，似有似无，看似没有，其实有象、有物、有精、有信，什么都有。有无是共存为一的，这就是老子的"道"。

在佛学里叫"空"，叫"妙有"。说它有，它什么都没有；说它没有，却什么都有。

我把这个状态叫"无极态"。2018 年，我写了一句"看破了有入无极"。"看破了有"就是指的认识到宇宙中的一切都不存在有和无的区别：无所谓有，无所谓无，有等于无，无等于有。无极就是这个状态，客观上和主观上都是这个状态。

2. 正反离合

正和反是宇宙间又一对主要的、普遍的分别状态。

我体会整部《道德经》从第一章"道可道，非常道"到第八十一章"信言不美，美言不信"，时时都在讨论"正反离合"的问题。《庄子·齐物论》也是讨论的这个，如"方生方死，方死方生；方可方不可，方不可方可；因是因非，因非因是"等。释迦牟尼的《维摩诘所说经》第九品"入不二法门"曰："善哉，善哉，乃至无有文字语言，是真入不二法门。"过去我们没有从这个视角去注意，现在点一下。参考这三部主要著作，对理解无极思维的正反离合原理将是有意义的。在此，就恕我不赘述了。

3. 隐显有序

这是其他思维方式中很少提及的命题，但在无极思维中比较特殊。隐与显在现代物质研究范畴内也是一个新命题，如暗（隐）物质和显物质的问题。据现代物理学研究认为：宇宙间只有 4% 是显物质，其余 96% 为暗物质。肉眼或仪器能见形的物质称"显"，有形化为无形即"隐"。所以，有时"隐"了，仍属于有，而不是无。因此，长期以来，隐与无及显与有可能有混淆的情况。在无极态里，没有隐显的区别。在"混沌""同一"之中，还是有序的，仍有演变的"规律在其中"，不是杂乱无章的。"有序"是指有无、正反和隐显都是按"道"而"变动"着的。

4. 两极相望

宇宙是一，是统一的，是由无极和太极两个相互对立而又相互转化的"极"合成的。有时二者是同一，有时二者是合一。无极是一，太极是一分为二，太极加无极为三，三可以成万物。所以，《道德经》说："道生一，一生二，二生三，三生万物。"这或许是宇宙间最伟大、最难得的公理之一。

5. 一念往返

太极和无极为两极，面对面紧贴在一起，间隔距离为无穷小。人们既可以从无极顺向去太极，又可以从太极逆向返无极。两极往返只需一念，据说只需一千二百八十兆分之一秒。

"一念"是心，"两极"是物，"一念往返"就涉及心与物的关系问题。这是千百年来人类一直在讨论着的大问题。我体会，唯有中国传统哲学的"心物一元论"最为合理地解决了这个物质与精神的关系问题。

心与物在无极不分别，为隐显同一，由道调控着。心与物在太极，有时一分为二，有时合二为一，可隐可显，也由"道"调控着。心是能知，物是所知，能知指挥所知，所知产生能知。"物质可以变精神，精神可以变物质。"讨论唯心与唯物的关系，是在一定历史时期内，人类智慧的一种体现，也只有智慧才能解决的问题。虽然，目前尚未解决，何时解决，尚不得而知。

佛学常说："一切法由心想生。"这只是一家之言。我学习以后，认为"一念往返"也只是千百种想法中的一法而已。

2018年，我秉承老、庄、释之旨，提出了"无极哲学赞"，仅20个字，比老庄之说通俗得多了，拟再略提几句：

（1）看破了有。宇宙之中，有无是共存的，不会只有有，没有无。试看一个人自出生到寿终正寝，无时无刻不在变，一秒钟以前的您，一瞬间就变了，不是那个您了，原来的您没有了。这样不停地变，一直到最后，生命结束为止，变成另一种形式，"走了"！是不是回到原来的地方？不清楚，产生了多种宇宙观、人生观、价值观、百家争鸣、百花齐放，不亦乐乎！无极哲学只是几万分之一而已。

（2）放下了我。如果看到了"人生真谛"，那么我就会进入亦有亦无的状态。不懂，就争个你死我活，真懂了，就不争了。佛学叫"随缘"。缘是内外条件，主观条件为内，客观条件为外。由因达果，随缘而变。

"我"是每个人一辈子背着的包袱，有轻有重，可轻可重，主要取决于自己的认知。从无极哲学里可以提取一些参考意见，不妨试试。

（3）除却了贪。人来到世界上以后，当然首先要活命，衣食住行，基本要求是必需的，恰到好处不容易。要求过了度，便是"贪"。人间的一切，恶大多从贪来，从愚来。贪即是大愚。无极哲学既可以治贪，也可以治愚，因此可以治恶。

（4）调稳了情。情绪是人类的本能。七情，即喜、怒、忧、思、悲、恐、惊。其刺激与反应的强度在正常范畴之内，属于正常生理，即"人之常情"。如果超过了正常范围，即属于病理现象，轻的属情绪障碍，重则为精神病。

目前，全世界各族人民情绪失控的问题比较大。正确理解和运用无极思维，对调控情绪是较为重要的[8]。

三、无极思维对人类有什么意义

人类经历了千万年的不断进化，物质文明显然改善了很多，但精神文明呢？我觉得有进有退。

原始人类对客观世界的认识比较直观，"混沌初开""大而化之"，久久地处于"无极态"，行着"良知"本有的"善"，所谓"人之初，性本善"。人与人之间多能和睦相处，与世少争。后来，物质生活日益丰富，分别意识形成了，增长了，这就进入了"太极态"。随之，人的思想也日益繁杂，贪得无厌，欲壑难填，争战不停……直到现在。

回顾春秋战国时代，道家倡"一曰慈，二曰俭，三曰不敢为天下先"。慈悲为怀，节欲为俭，以退为进，不争先。老子著书立说，说了"玄之又玄，众妙之门"，高举"无极思维"的大旗，留下了五千言，出关去了！庄子紧随其后，畅言逍遥而神化，齐物而无别，独自梦蝶之后，大笑而去。魏晋玄学，设有无之争，开言意之辩，兴争鸣之风，热闹了一阵，因为未及无极之佳境，多在太极之内，最后，难分胜负，戛然而止。今，我突然悟到了无极哲学及其思维方式，小议之后，扪心自问：其意义何在？写个提纲如下，敬请指正。

1.从宇宙这个层次来看，无极和太极应该属于两个不同的时空：在"无极态"里，宇宙间的一切是无分别的，混沌为一的；在"太极态"里，则万事万物是有分别的，一分为二，二分为三，以至无穷。分与不分，区别何在？尚少人深思。

2.现代物理学研究发现：宇宙间，我们人类感官能感受到的显物质仅占4%，而感官无法感受到的暗（隐）物质却占96%。而且还有暗能量存在着。这些暗物质、暗能量是什么？是不是和"无极态"有关？这是值得研究的。

3.对"有无，正反，隐显"的认知，取决于对心物的认识。中国古代有"心物一元"说，认为：心物是一，不是二。心为能知，物为所知。能知之能，源于所知之物。用现代的话说，即"物质变精神，精神变物质"。但其具体机理与过程如何，仍须深入研究。

4.人类对于健康长寿的要求是一种本能，至今尚在大力研究中。道家《行气玉佩铭》有言："顺则死，逆则生。"其内涵如何？至今尚未见明确的解释。我在发表"无极哲学"时曾提到"顺"是由无极而太极，"逆"是由太极返无极。哲学家沈善增先生深赞此说[8]。是不是如此？其机理如何？需要专业人士的研究。

5.《修华严奥旨妄尽还源观》是佛学经典著作，也是基本原理。"妄尽"是指除净分别，妄想；"还源"是指了生死，出三界而到"西方极乐世界"。我体会："源"应是"无极"。是这样吗？佛学界常见的肉身不腐、舍利子和化虹等事实，其具体过程和机理如何尚不明了。

6. 2016 年，我对《黄帝内经》的精气神进行了研究，提出了"神本论"的新概念。但这主要是"内神"，对"外神"还不得而知。无极哲学是"神思"的产物。

7. 前文提及人心"贪得无厌，欲壑难填"而争战不停，怎么办？必须提高思想认识，才能真正达到"和谐社会"。这是亿万人民向往的社会生活。

8. 就艺术而言，我是外行。最近，我体会到用无极思维去看抽象艺术，却有另一片天地，比西方提出的"极少主义"更少许，只是提一下，恕不展开了。

四、结语

"无极"一词在《老子》《庄子》中已见到。"无极哲学"则是我在 2017 年提出来的，"无极思维"则是随之而隐涵于"无极哲学赞"中，现在才整理成文。

按我的理解，如将人类思维分成三类的话："智商"主要考虑物质，是基础；"情商"重点在心；"灵商"最复杂，最奥妙。无极思维主要靠灵感。

《黄帝内经》强调精、气、神是人身三宝，后人深入研究得不够。我非常钦佩"心物一元"论。无极思维是"神思"的产物。

世界上的好心人都是劝人为善的，树立无区别思维，尽量控制"贪、嗔、痴、慢、疑"是建设和谐社会的根本措施之一。

今以几条提要作为结语，请朋友们不吝指正。

主要参考文献

［1］中华小字典.北京：中华书局，1985

［2］朱伯昆.易学基础教程.北京：九州出版社，2002

［3］钱学森.关于思维科学.上海：上海人民出版社，1986

［4］匡调元.无极哲学.北京：中国中医药出版社，2019

［5］沈善增.还吾老子.上海：上海人民出版社，2005

［6］张耿光译注.庄子全译.贵阳：贵州人民出版社，1992

［7］释迦牟尼.维摩诘所说经.香港：佛教导航精舍印，2008

［8］匡调元.太易心神学.北京：中国中医药出版社，2018

无极哲学

一、小引

众所周知，《周易》原本是西周时期的古籍，后人尊之为"经"，又称《易经》。广义来说，历代都有学者对其进行解释，这些解释则称为"传"。狭义的《易传》专指先秦时期形成的解释《易经》的 10 篇著作，即"十翼"。汉代以来的经师、学者们对此经和传又做了种种解释，据说不下千百种，形成了一门专门的学问，称"易学"。这是一个极为复杂而深奥的学术体系，最基本的在于其理论思维的深度。理论思维是人类认识世界和改造世界的根本动力，故《周易》素有中华文化瑰宝的美誉。

然而，自《易经》问世以来，中国即以乾坤二仪辨天下，正如战国《系辞》称"乾坤其易之门邪"；其后虽有老子《道德经》、庄子《南华经》都曾提到"无极"一词，但无专以"无极"论天下的。唐代佛学东渐，入中华后亦无人以无极论佛理。魏晋玄学虽有"有无"之争，惜与无极擦肩而过。宋明理学提及了"无极而太极"，却心有旁骛，一带而过，专论太极而未论无极。明清时期，王夫之见到了"乾坤并建"和

"道在器中"，亦未能悟到"无极"的"实相""虚相"共存、共化。2009 年，本人从评说周敦颐"太极图说"而悟到了"无极态"，然后以易学、道家、释家和《内经》医家等的一致思想归纳为"无极哲学"。经过反复思考，自觉思路日臻成熟，特撰此文，愿与大家共同探究。

二、无极哲学的若干基本范畴

由于《周易》历史悠久，注者众多，对一些基本范畴也多见智见仁，众说纷纭，我们只能根据本文的需要择要略言而已。

1. 太极

始见于《易传·系辞上》[1]："易有太极，是生两仪。"两仪是什么？《系辞上》说："大衍之数五十，其用四十有九，分而为二以象两。"这是说占卜时取五十根蓍草，从中随意抽出一根放在一边不用，其余四十九根，双手随意分而为二。为什么要"象两"？意思是把阴阳分开，以效法天地。《系辞下》又说："子曰：乾坤，其易之门耶。乾，阳物也；坤，阴物也。阴阳合德而刚柔有体，以体天地之撰，以通神明之德。"这是说"乾坤"是周易的门户，是研究《周易》的必经之路。阴阳即乾坤，即两仪，即太极，即一分为二。太极由此开始，周易由此开始，天地由此开始。阴阳应该合德，既分又合，和谐而统一。这才体现了天地之造化，才能达到不可思议的神而明之的智慧高度。历史表明，自周以来，世人研究"易学"的重点始终是在太极及其象数之理。

2. 太极态

这是我在2009年提出的新概念[2]。态是姿态，状态和势态。人的神色形态，也是中医学临证时的一种重要依据。由此也证明了中医学的理法与易密切相关。我用"太极态"来表示太极分两仪时，两仪是有无之序显而互化、互动的状态。

3. 太极哲学

2003年，杨成寅先生编写了专著——《太极哲学》[3]。据此书代序所说"太极哲学"起于成中英先生。杨氏之所以研究太极哲学是为了"建立富有民族特色并符合时代发展的新哲学"。这本巨著内容丰富、详尽，凡涉及"太极"者几乎无所不包，且多发微之论，值得一读。

此书第二章名为"太极实有论"，开门见山地说："太极哲学在承认万物'实有'的前提下展开自己的范畴概念体系和命题体系。"又说："太极哲学认为物质及其高级产物的精神皆为实有。"下面这段话是耐人寻味的："中国人在观念上无法接受'绝对的有'的概念（即不能只谈有而不谈无）。换句话说，《周易》传统中的杰出的哲学智慧，无法排除无而独认有，反之亦然。中国哲学现象学'实在'看成变化和创造。这种体验自然和'绝对存有'或'绝对虚无'的观念格格不入。"

该书第十一章第五节名为"太极有无论"。论中说："宇宙中的任何事物的变化，莫不是有与无这二种状态的变化。""世界上没有绝对的有，亦没有绝对的无，因为世界在运动着，在运动和变化中发生着有无相生的过程。"下面这段话也要细加分析："成中英强调从'实在'的变化创生有与无。这样看有与无，它们实际上就是'实在'的两种状态，两种协同创造的形式。有与无既是'实在'的两种状态或形式，那么，就不能单纯肯定有，也不能单纯肯定无，必然肯定有与无是相反相生的。"若这样，不知道太极哲学的"万物实有的前提"在哪里？

4. 无极

"无极"这个概念最早见于《老子》[4]第二十八章："知其白，守其黑，为天下式，复归于无极。"《庄子·在宥》[5]：

"入无穷之门，以游无极之野。"《淮南子·要略》："终而复始，转于无极。"《肇论》[6]："然则物不异我，我不异物；物我玄会，归于无极。"可见，周敦颐《太极图说》"无极而太极"之前，"无极"一词在道家、释家中都有提及，然其意义各有不同。《庄子》多有无可穷极、无边无际或无限之意，《肇论》则具有本体的意义，而周敦颐则以"无极"为形而上之本体。

本文引用"无极"一词多用于本体的意义，但有时也兼有各家内涵的，当随上下文而异。这并不违背中文常有的一字多义。

5. 无极态

"无极态"是我在 2011 年提出来的新概念[2]。虽然"无极"一词在老庄著作中早已出现过多次，但作为一种特定的"态"加以论证，则始于 2011 年。

2011 年，我在探讨"太极图说"时[2]，悟到了"无极态"。请看下图（图 9）及其说明：

道

似一非一

一

二

四

八卦

万物

虚空	无形, 无内无外, 无边无际, 非动非静, 亦动亦静, 有序而隐
无极	似有形, 似无形, 似显未显
有形无极	将动未动, 似静非静 "有无同一" "形神同一" "五行同一"
太极 两仪	动静一时共显而分阴阳两极 "有无共建" "有无合一" "形神合一" "气质与体质合一"
四象	

图 9 匡氏无极图说

匡氏无极图说认为：首先最上端是"虚空"，示无形，无内无外，无边无际，非动非静，什么都没有，却什么都在其中，有序而隐，能生万物，但人们什么也看不见、摸不着，因为这里眼、耳、鼻、舌、身、意感受不到，是不可思议的境界。此为不可道的"常道"。

其次是似有形似无形、似显未显的境界。在"虚空"与

"有形"之间，"非道而道"。

第三是有形无极。此时将动未动，似静非静。《易学》称此为"机"。此时，无所谓有无，无中有有，有中有无，是"有无同一"；也无所谓"形神"，神中有形，形中有神，"形神同一"。此为"一"，但"如如不动"。

第四是太极。无极之内原本有序之有无、动静，一时共显即分为两仪，是为阴阳两极，有无、动静、心物、内外、主客、形神、气质和体质，"一分为二""合二为一"全在此时，统统显现。此为"二"。一般人见二不见一，而圣贤见二更见一。此时即为"可道之道"的"非常道"。整体之一加两个局部之二，或"阴阳交界互渗、过渡与转化之处为一，再加二即成'三'，然后，'三生万物'"，或"两仪生四象，四象生八卦，八卦生万物"。《内经》强调的"形神合一"就是我强调的"气质和体质合一"，其根本原理即在于"太极生两仪"的阶段。

北宋著名易学家周敦颐著《太极图说》[7]称："无极而太极。太极动而生阳，动极而静；静而生阴，静极复动。一动一静，互为其根，分阴分阳，两仪主焉。"我们不赞成这种崇阳抑阴的"先动后静论"，而主张由"如如不动"到"动静一时共生论"，并无先后次序。这是与众不同的新理解，我正式命名此为"匡氏无极图说"。

自《系辞》[1]问世以来，可能受了其"乾坤其易之门邪"的影响，大家把注意力全放在了由乾坤而下的六十四卦上，很少研究由太极逆上到无极的情景，直到我的"匡氏无极图说"问世，才开始探讨"无极态"的问题。

无极态是描述无极的姿态、状态和势态的，是指宇宙人生处于纯一而无分别的状态：有无共存、互化而隐的状态。它与太极态的根本区别在于，后者是有无共存、互化而显的状态。太极态和无极态的隐显关系是可以彼此转化的，太极态可转为无极态，反之亦然。在二者转化之间，有一个关键环节是"心"，即人的思维功能与思维状态，这是本论的一个核心问题。

"心"是什么？南怀瑾说："拿现在西方哲学讲，宇宙万有的本体，那个叫心。拿现在科学来讲，万有的功能，那个最初的能量，也就是这个宇宙的功能。"[8]"意"是什么？胎儿出生前和刚出生时已有"意"，但这是没有分别心的"意"。到第六意识逐步形成时，分别心起来了，这叫"识"。什么时候出现"意"？我认为，什么时候无极态开始由"虚空"向"似一非一""如如不动"的"一"经量的转化，在刹那间，一念不觉，阴阳、动静、有无、心物等对立一时共显之时，即对立出现之时，即太极形成之时。所谓"心念"，就是心之念。念是心的功能。孟子说："心之官则思。"在儒家叫"思"，在释家叫"念"。"无极态"就是图9所示的"道""似一非一"，是"如如不动"之态，三种态都是无极态，只是虚空的程度不同而已。老子称此为"道""无极"；庄子称此为"混沌"，混沌被凿七窍而亡；释家称此为"虚空""如如不动"，有时也称心、真如等；如上所述，现代哲学称为"本体"。名称随便您叫什么，东西是一个，我称此无极及其状态为"无极态"。什么是无极态？在此态中，虚空，混沌，一无所有，而又什么都有。当隐在无极态中的阴阳、有无、心物、染净等因心的作用而一分为二，没有主次，没有先后，没有多少，一时共显时即入太极态。

6. 无极哲学

　　无极哲学是人类研究无极和无极态的智慧之学，是中华传统文化经过几千年的演化，发展而形成的思维科学。无极可能是太极以外的另一个时空，它可借人类的思维功能而与太极态互有往返、离合的关系。这应是人类的一门新兴哲学。

7. 有

　　有是存在。凡是看得见、摸得着、人的感官可以感觉到的东西是有。还有不少东西是人的感官感受不到的，如空气眼看不见，分子、原子手摸不到，但还是有，如此等等。有，在思想概念里，不在感觉里。

8. 无

无是有的对立面，是不存在。看不见、摸不着的不一定是无。"没有了"叫"无"。凡有有的地方一定伴有无。无，也在思想概念里，不在感觉里。

9. 空

本人体会空是有无共存、互化、非有非无、亦有亦无状态。佛学称此为"妙有"：说它有，它什么都没有；说它没有，却什么都有。大多数人至今仍觉得不可思议，

空原是佛学里颇有特色的概念，但有时表态时或翻译时不精确。空不能与"有"相对，也不能与"无"相对，只能和"不空"相对。

在中国历史上，僧肇著《肇论》，论空甚详，堪供参考！

三、历代名家的"无极思想"述要

长期以来，人们没有注意，历代文献中好像很少论及"无极"的，如今仔细琢磨一下，却发现多处隐隐地讨论着"无极"。兹选若干，述要于下。

1.《易经》与《系辞》

两书中都未见"无极"一词。近人朱伯昆主编的《易学基础教程》的"易学基本范畴"中也未见"无极"一词。在此提一笔是想表明：《易经》时代并无"无极"这个理念。

2. 李聃《道德经》

《道德经》（又名《老子》）是先秦道家经典，后世对此做注者，代不乏人，但无人以"无极哲学"注释过该书。我们学习《道德经》以后，认为可以用"有无互化，正反离合"八字概括其主旨，换言之，天下一切宇宙人生，有与无、正与反，彼此可以转化。全书处处都是在论说这个。

一致公认，第一章是《道德经》的核心思想和指导理论，而后的各章都是以此为主导的。而这第一章正是"无极态"的典型的、代表性的描述，全文如下："道可道，非常道。名可名，非常名。无名，万物之始；有名，万物之母。故常无欲，以观其妙；常有欲，以观其徼。两者同出，异名同谓，玄之又玄，众妙之门。"现试以无极哲学做注：道是宇宙人生的总规律，是非有非无而亦有亦无的无极态。这是不可言说的常道。可道的道，不是常道。因为不可言说，所以无以名之曰常名，可以名的，则非常名。无极态无以名之。万物之始，为有，有从无来。有名从无名来，故无名是万物之始。有名，万物之母。

物有了名，无极转入了太极。太极分两仪，两仪为有无，有有无即有名，故有名即为万物之母。无极态无欲与有欲共存、互化，故以无欲观其无（妙），以有欲观其有（徼）。只是到了太极态，有无两者同出，而冠以不同的名谓。老子称为玄，是玄妙。玄之又玄，玄到极致，这是宇宙人生各种奥妙的来源。

第二章及以后多章是两仪对立、共存、互化、离合、循环、从致无穷。如美丑、善恶、有无、难易、长短、高下、音声、前后等共存、对立、互化，在无极态里是"常"也，常隐着的规律。第十四章说："视之而不见名曰夷，听之而不闻名曰希，搏之而不得名曰微。此三者不可致诘，故混而为一。一者，其上不皦，其下不昧，绳绳兮不可名，复归于无物。是谓无状之状，无物之象，是谓惚恍。迎之不见其首，随之不见其后。执古之道，以御今之有。能知古始，是为道纪。"在此，"一"是什么？是道，是无分别态，是惚恍，是无极态。故第十章说："载营魄抱一，能无离乎？"第二十二章说："圣人抱一为天下式。"第三十九章说："昔之得一者，天得一以清，地得一以宁，神得一以灵，谷得一以盈，万物得一以生，侯王得一以为天下贞。"

"无为"，人不要外加什么；"无不为"，什么都自然而然地做成功了。在无极态，即"无为而无不为"地做成功了；在太极态，即有为而为地成功了，却非自然，有时往往会"成事不足，败事有余"。对此，几千年来的争论从没有停止过。当然，道家只是百家中的一家，无极哲学更是一个"年老的小伙子"而已！对不对？尚待公论。

第一章到第三十七章是道经，第三十八章后是德经。按近代著名哲学家沈善增先生研究称：道经是对德经内容意义的补充、发挥和提升。我们从无极哲学分析德经，一样可以用"有无互化，正反离合"八个字加以概括。例如第三十八章：上德、不德、有德；下德、不失德、无德。上德、无为、无以为；下德、无为、有以为。第四十章：反者，道之动。弱者，道之用。天下之物生于有，有生于无。第四十五章：大成若缺，大盈若冲，大直若诎，大巧若拙，大辩若讷。第五十六章：知者弗言，言者弗知。第五十八章：祸兮福所倚，福兮祸所伏。第六十三章：为无为，事无事，味无味。轻诺者必寡信，多易必多难，是以圣人犹难之，故终无难矣。第六十四章：为之于未有，治之于未乱。合抱之木生于毫末，九层之台起于累土，千里之行始于足下！第六十六章：非以其无争与，故天下莫能与之争。第七十七章：高者抑之，下者举之；有余者损之，不足者补之。天之道，损有余而补不足，人之道则不然，损不足而奉有余。是以圣人为而不恃，功成而弗居也。第八十一章：信言不美，美言不信；善者不辩，辩者不善；知者不博，博者不知。故天之道，利而不害；圣人之道，为而不争。

3.《庄子》

《庄子》为哲学家庄周所著。《内篇》七篇是其核心篇章。其中首以"逍遥游"论述人生，讴歌"至人"超现实的随心所欲的精神境界，主张"神化"。"神化"到什么状态？"若夫乘天地之正，而御六气之辩，以游于无穷者，彼且恶乎待哉？"神化至能游到"无极态"，即无穷的境界，没有分别、没有对待的境界，做到了"至人无己，神人无功，圣人无名"，真正无为的境界。整篇"逍遥游"讲了物化、人化、气化和神化，最后到"无何有之乡，广莫之野，彷徨乎无为其侧，逍遥乎寝卧其下"，什么都没有的地方——"无极"。

次以"齐物论"，既讲宇宙论，又讲认识论，主张万物无分别，万物皆齐一，"天地与我并生，万物与我为一"；主张"道通为一"。在第一章无己、无功、无名的基础上，这一章一开始就提出："今者吾丧我。"我已经没有我了，忘我了！天下还有物吗？还有人和物齐不齐的问题吗？"齐物论"说："物无非彼，物无非是。自彼则不见，自知则知之。故曰彼出于是，是亦因彼，彼是方生之说也。虽然，方生方死，方死方生，方可方不可，方不可方可；因是因非，因非因是。是以圣人不由而照之于天，亦因是也。是亦彼也，彼亦是也。彼亦一是非，此亦一是非。果且有彼是乎哉？果且无彼是乎哉？"物齐了，还有什么是非可辩吗？天下万物彼此并无分别，"一"就是道。"庄周梦蝶"是最为动人、最为精彩的故事，笑言庄周与蝶。这就是"无极""道通为一"也！

"大宗师"是以大道为宗师，论证何为大道和如何修正大道。此篇系统地论证了"天人合一"的自然观、"死生一如"的人生观、"安化"的人生信条和"相忘"的处世原则，把一切"不齐"忘掉，即"齐"了。这就是无极。这一篇提出了著名的"坐忘"法，教人如何从太极态走向无极态。千古奇诀，简明扼要，可师可法，贵在亲证。

4.《列子》

《列子》又名《冲虚经》，业已证明并非列御寇所著，而系魏晋间人所撰伪书，曾与《老子》《庄子》合称"三玄"。《列子·天瑞篇》有段名言："夫有形者生于无形，则天地安从生？故曰：有太易，有太初，有太始，有太素。太易者，未见气也；太初者，气之始也；太始者，形之始也；太素者，质之始也。气、形、质具而未相离，故曰浑沦。"这里的太易、太初、太始、太素代表宇宙万物生成从无气到有气、有形、有质的过程。气、形、质都存在了，但彼此合一没有分离时称浑沦。我们体会其本意是气还没有生成时是无的状态。太初是气开始生成了，太初即变为有。太易生太初即有生于无。按此而论，太易即相当于无极，太初即相当于太极。"无极而太极"应是"无极生太极"。由此看来，我们长期无视"无极"是欠妥的！

5.《黄帝内经》

近三年来，我闭门研读了《黄帝内经》（简称《内经》）原文，反复推敲后悟到了《内经》的精髓实在神本论[10]：从《素问·上古天真论》的"恬淡虚无，真气从之，精神内守"到《素问·八正神明论》的"神乎神，耳不闻，目明心开而志先，慧然独悟，口不能言；俱视独见，适若昏；昭然独明，若风吹云。故曰神"。《灵枢·本神》对心神做了更全面、更深入的论述。我们将《内经》和《庄子》做了对比，见到《内经》神本论的主导思想几乎逐字逐句来自《庄子》。举例如下："恬淡虚无"句来自《庄子·刻意》："大恬淡寂寞，虚无无为，此天地之平，而道德之质也。"《素问·上古天真论》的至人、真人、圣人、贤人也多来自《庄子·大宗师》："古之真人，其寝不梦，其觉无忧，其食不甘，其息深深，真人之息以踵，众人之息以喉。"《庄子·在宥》还有广成子告诉黄帝治身长久之道："无视无听，抱神以静，形将自正，必静必清，无劳汝形，无摇汝精，乃可长生。"这些都是庄子教黄帝到无极去的方法，也是《内经》倡导的养生之道的精华所在。

6. 释家

释迦牟尼是印度一王子，为了普度众生而弃王位，求道于方家，终于在一菩提树下禅坐七天七夜，夜睹明星而开悟，说道："奇哉！一切众生皆具如来智慧德相，只因妄想执着，不能得证。"[11]从无极哲学观点而言，他悟到了"没有分别的时空"：没有妄想，没有执着，是佛境界。凡夫之所以不能成佛，是因为他们坚持有分别的思想感情：太极态，不能悟到无分别的"无极态"。从下列经典中可见：《华严经》提出"自性清净圆明体"的无极态的本体状态；《楞严经》[12]提出了"都摄六根，净念相继"；《金刚经》提出"不取于相，如如不动"；《维摩诘所说经》第九品提出"不二法门"：生灭不二，我我所不二，受不受不二，垢净不二，一相无相不二，善不善不二，有为无为不二，明无明不二，正道邪道不二。如此等等，如同《庄子·齐物论》一样论证了无极态中"一切无分别的状态"。

最后，维摩诘以"默然无语"回答了"何等是菩萨入不二法门"的问题。文殊师利曰："善哉！善哉！乃至无有文字语言，是真入不二法门。"这正好回答了李泽厚先生关于"哲学如何走出语言"的千古奇问。《心经》为佛学佛法做了 260 字的总结，可供人背诵得法而进入无极态。

7. 魏晋玄学[16]

中国历史学家素称这个时期是思维比较活跃的时期，其争论的主题有三个：一是有无之争，二是言意之辩，三是佛学空论。

有无之争实质上是对无极态和太极态的认识问题。今从无极哲学而言，宇宙是"有无共存、相互转化"的、隐而有序的、浑然一体的状态，无转有，有转无，转化而看不见、测不出。一旦转入太极态，无极而太极，太极分两仪，有是有，无是无，有无互化而看得见、测得出。从有无在不停地转化来看，只是由隐而显。

僧肇著《肇论》[6]，其中一有"物不迁论"，主要论述动静问题，如说："《放光》云：法无去来，无动转者。寻夫不动之作，岂释动以求静？必求静于诸动，故虽动而常静；不释动以求静，故虽静而不离动。"二有"不真空论"，论证了世界万法既不是真有，也不是真无，而是非有非无，有无皆空。三有

"般若无知论"，深刻地论证了佛学般若智慧的无名、无相、无知而无所不知的特征。四有"涅槃无名论"，全文说明涅槃既非世俗的有，也非世俗的无，它寂寥虚旷，不可以名得，微妙无相，不可以有心知。对无名无说、超言绝相的涅槃是不可以有任何执着的。《肇论》讲的全是无极态，只是过去没有"无极哲学"这个概念而已。现在，我们将易学、道家、释家和《内经》医家的一致思想归纳而上升为新的"无极哲学"，再回顾《肇论》所说，蔚为壮观而弥足珍贵也！

8. 宋明理学[7]

宋明理学时期也是中国古代哲学发展史上较为重要的阶段，处于儒、释、道三教多种学术思潮活跃发挥的时代。这里仅选周敦颐的道学思想略加评述。

朱熹评周氏说："盖先生之学，其妙具于太极一图。"张栻则说："所谓太极图乃其纲领也。"关于太极图的评说已见于前，唯应一提的是：周氏的《太极图》或来源于陈抟的《无极图》。对比如下（图10）：

周敦颐或许原想从道教的图式中来构筑其宇宙生成和万物化生论的，惜对"无极"一环一带而过，未做深究。

宋明理学是一个庞大的学术思想体系，包括张载气学、程颢和程颐的道学、朱熹的道学、陆九渊和王阳明的心学等，都在"太极分两仪"之内转圈，并未涉及"无极"。

图10 《太极图》与《无极图》

9. 王夫之[17]

王夫之是近代大家公认的明清时期集中国古代哲学之大成者。我们从"无极哲学"的视角评价他的哲学理论，主要有两点：一是他提出了"乾坤共建"，意思是说"太极分两仪"，两仪不是彼此孤立的，而是乾坤不能分离，始终共存互化，蕴含

"无极一体"的思想。二是他提出了"道在器中"的论点，意思是"形而上者谓之道，形而下者谓之器，但道在器中，道与器也不是彼此孤立而是始终共存于一体的"。这也蕴有"无极一体"的高见。

我们认为王夫之离"无极哲学"仅一步之遥，当然，这是较大的一步。因为他禀受张载元气论，主张宇宙为"有"的，所以他没有能悟到无极之真谛！

四、逆返无极的方法

如何从太极逆返无极是无极哲学必须探讨的一环。回顾中华古代哲学著作时可见若干方法，如能正确领悟，并通过亲身实践，将能体验到从太极逆返无极的过程和实境。现举例述要如下，仅供参考。

1.《道德经》

如前所述："道可道，非常道。"[4] 常道之道即是无极哲学。第十六章讲："致虚极，守静笃，万物并作，吾以观其复。""致虚极"是指使思维进入虚无、恬淡、无思、无念、无欲状态，要坚定不移到极点。到这个时候，一切物都统一无分别了，我将观其"复"，观其回复到无极。"归根曰静，静曰复命。"根是无极。无极是动静为一，此处即"复命"的无极。复命乃常道，乃无极，乃天，乃久，乃无始无终。

2.《庄子》

《庄子》论无极颇有建树，逆返无极的方法亦很有成效。择要而言：[5]

（1）"人间世"："敢问心斋？仲尼曰：若一志，无听之以耳而听之以心，无听之以心而听之以气。听止于耳，心止于符。气也者，虚而待物者也。唯道集虚，虚者，心斋也。"

（2）"大宗师"："何谓坐忘？颜回曰：堕肢体，黜聪明，离形去知，同于大通，此谓坐忘。"

（3）"在宥"：广成子教黄帝治身可以长久之法。如前述，可参。

3. 释家

释家方法较多，且各家各派都有自己的特色，有些看似简单，施行起来却是很困难的。例如"十六特胜"[11]，又如《瑜伽师地论·四作意法》[18]都是值得进一步研究的课题。关于无极哲学与佛学、佛法的关系是一个大课题，本文只能点到为止，以后当另作专题研究。

4."元神作意"法

这是我在无极哲学思想影响下，于2017年提出来的新概念，认为：人类生命是元神作意调控精气顺逆行止的现象和过程。生命本身是人体精、气、神一体的，心神用主动思维以调控物质的精气，或顺向分化而死，或逆向分化而生。现象即生命现象，过程即由生到死或由死返生。顺逆的关键是"作意"。人的主观能动性即作意，全由自己做主，无须外力。

人类的思维方式是多种多样的，其中直觉思维、灵感思维和顿悟思维是智慧的表现。"中华崇悟文化"是中国优秀的传统文化，远远领先于世界。"悟"是人灵感的一种表现。所谓"灵商"，我定义为：一个人对心灵的敏感程度和对事物的洞察能力，是一种先天的禀赋，是无法具体测量的。"感而遂通天下之故"，有时能和整个宇宙能量相通。

人类可以凭借元神作意，一念之间，往返于太极和无极之间。只有实践过的人才能亲身体验，然后才可与之论说，否则，将无从说起。因为，悟是"只能意会，不能言传"的。

以上诸法，不必悉具，但用一法即可，贵在诚心专一："无思也，无为也，寂然不动"即可。

五、"无极哲学"的意义

哲学对于人类有何意义？众说纷纭，千差万别。有人认为哲学是无用的知识，我则感到哲学是人之所以区别于动物的思维特征，不同的思维方式则是区别人与人的特征之一。探讨"无极哲学"至少有三个重要意义：

1. 可探索宇宙人生的奥秘

虽然人类很久以来一直在探索宇宙人生的真相，但不可否认的是，迄今人类不知道的东西远比知道的多得多！例如：最近对多时空的问题，对暗物质、暗能量的问题多有讨论。显然，无极态即涉及这类重要问题。

2. 可以是创建和谐社会的思想基础

我认为人类社会之所以不和谐，主要源于：①人之贪欲引起的争夺；②人与人之间的认识不同引起的争论，争论不能解决问题的即诉诸暴力。如果大家都以"无极哲学"为准则，不分别，不贪欲，何争之有？

3. 可探索人生健康长寿之路

向往健康长寿是人类的本能。人不能健康长寿的主要原因在于：①思念不正，所谓邪念和欲念作祟；②饮食不当，或过度，或不足，或食性不合体质；③色欲过度，劳伤精气神；④生活方式不合天地之常。天人不能相应，不合时宜，违背了天地的规律。如果能对易、老、庄、释、《内经》等的无极哲学有深刻的研究、深入的认识、认真的实践，那么，人类的健康水平将能日益提高，减少疾病，真正知道如何治未病而延年益寿。这正是人们所向往的。

六、结语

《陋室铭》有言："山不在高，有仙则名；水不在深，有龙则灵。"无极哲学，得一则灵。一在何处？"有无共存互化，正反离合，隐而有序。"太极态在何处？"有无共存互化，正反离合，显而有序。""二极可依人的思维功能和状态而顺逆往返。"知其要者，一言而终；不知其要者，流散无穷。此之谓也。

综上所述，可以认为：本文提出无极态和无极哲学是春秋战国以来在易传和易学研究上的突破，即无极不分两仪，有无共存，隐而互化。无极与太极也是共存互化的，关键在于人的思维功能和思维状态。这是对目前人类所居时空的突破，是对人类思维方式的突破，当然也是对目前所有哲学模式的突破。我们诚挚地希望全世界人都能遵循"心物一元""隐显有序"的正确思维方式去重新认识宇宙、人生，开始人类的新纪元。

至此，人类或许多了一种认识宇宙、人生的哲学。是否如此？愿就教于高明！

附注：

本文自 2018 年 1 月发表后，我请上海高校几位哲学专业的名家审阅了一下，他们从哲学专业的角度提出了肯定的意见和进一步完善的建议，令我受益匪浅，非常感激！

最近，儿子回家探视，看了此文后问我："您研究无极哲学的目的和实用意义如何？论文中似乎交代得不很明确。"经此一问，我觉得确有必要加以说明，特别是对非哲学专业的读者，尤其必要，故略述如下。

1. 我研究无极哲学的目的是为"元神作意"探讨其中国传统哲学上的根据，同时探讨人类思维的奥秘及其在人生过程中的实际作用，并没有想、也无能建立一个逻辑性较强的理论体系。

2. 我的研究以事实为依据，以理论为说明，并花了不少力气去研究如何从太极去无极的实际方法，法法躬行，以观其实效。

3. 研究它只是哲学上、思维上的一种思考，希望人类多一个时空可以考虑。沈善增老师认为"无极哲学对道家《行气玉佩铭》顺则死、逆则生"就说通了，是了不得的理论贡献。

4. 对《黄帝内经》的"精气神"和"神乎神"的研究会有些启发。

5. 目前，无极哲学仅属于初创阶段，有待于继续深入，其长远意义又远大于现实意义，希望有兴趣的专业哲学家能接过去，使其日益完善。

主要参考文献

［1］朱伯昆.易学基础教程.北京：九州出版社，2002

［2］匡调元.匡调元医论.2版.上海：上海世界图书出版公司，2011

［3］杨成寅.太极哲学.上海：学林出版社，2007

［4］沈善增.还吾老子.上海：上海人民出版社，2005

［5］张耿光.庄子译注.贵阳：贵州人民出版社，1992

［6］僧肇.肇论.高雄：佛光山宗务委员会印行，1996

［7］张立文.宋明理学研究.北京：人民出版社，2002

［8］南怀瑾.答问青壮年参禅者.上海：上海人民出版社，2008

［9］严北溟.列子译注.上海：上海古籍出版社，1995

［10］郝易整理.中华经典普及文库·黄帝内经.北京：中华书局，2011

［11］南怀瑾.如何修证佛法.上海：复旦大学出版社，2006

［12］南怀瑾.楞严大义今释.台北：老古文化出版社，2013

［13］净空法师.金刚经讲义节要.武汉：长江文艺出版社，2010

［14］南怀瑾.维摩诘的花雨满天.北京：东方出版社，2010

［15］圣一法师.心经讲记.香港：宏大印刷制本公司，2001

［16］汤用彤.魏晋玄学论稿.上海：上海古籍出版社，2001

［17］萧萐父.王夫之评传.南京：南京大学出版社，2002

［18］南怀瑾.瑜伽师地论·声闻地讲录.台北：老古文化出版社，2012

［19］匡调元.太易心神学.北京：中国中医药出版社，2018

中华崇悟文化赞

一、人类"思维方式"概说

在世界的不同地域和不同民族之间存在着很大的社会差异。这些差异主要是由文化上的差异引起的，而文化则是由该民族全体人员的生活方式和思维方式决定的。

什么是民族的思维方式？刘长林认为："在民族的文化行为中，那些长久地、稳定地、普遍地起作用的思维方式、思维习惯，对待事物的审视趋向和众所公认的观点，即可看作是该民族的思维方式。"同时，他指出："每个民族都有自己整体的思维偏向，从而形成自己特有的思维类型。"

朱伯昆在《易学基础教程》[2]中指出："思维方式是人类观察世界、认识世界，从而指导自己改造世界的思想方法。""《周易》中具有一定价值的思维方式有五种，即直观思维、形象思维、象数思维、逻辑思维和辩证思维。"

钱学森在《关于思维科学》[3]一书中说："思维是有规律的。"因此，他建议成立一门专门的"思维科学"。他指出："思维科学只研究思维的规律和方法，不研究思维的内容。""思维学又可以细分为抽象（逻辑）思维、形象（直感）思维和灵感（顿悟）思维三个组成部分。"

1. 关于抽象（逻辑）思维学

钱学森认为："抽象（逻辑）思维的规律形成一门严密的理论学科，如同数理逻辑。数理逻辑是我说的抽象思维学的一部分和模型。"又说："模型的含义是讲其严密的理论性，够得上基础科学的要求。这样也就解释了我为什么说形象思维和灵感思维的研究还未达到科学的要求，虽然不精确的描述和思辨性的议论非常之多，但不够严格。当然，我们也不能就这样说形象（直观）思维和灵感（顿悟）思维本身就比抽象（逻辑）思维低一等。我以为这两种思维的客观存在和重要性是不必怀疑的，而怀疑的人可能是由于缺乏亲身体会而已。"我在此之所以不惜篇幅引用钱老这段话，一是因为他很到位地比较了三种思维方式的所谓"严格性"，二是因为他一针见血地点明了一些人之所以怀疑形象思维和灵感思维的客观存在和重要性是由于他们缺乏亲身体会。这两点将在后文深入探讨"崇悟文化"时提及。

2. 关于形象（直感）思维学

近代研究称："形象思维在一些动物身上已经开始了。"钱老认为："人认识客观世界首先是用形象思维，而不是用抽象思维。"但现象是很复杂的，必须在这么复杂的现象里抓住要害才行，抓不住要害就难以下手。他又认为："形象思维不是科学推理，而是实践的经验。"因为"这些实践经验还没有总结出科学的规律，还没有进入科学的行列"。

3. 关于灵感（顿悟）思维学

钱老认为："好像美，灵是形象思维扩大到潜意识。""如果逻辑思维是线性的，形象思维是二维的，那么灵感思维好像是三维的。""显意识就是人对意识到的思维过程进行加工，然后是有意识的动作，不是反射式的动作。""整个加工过程，我们可能不知道。这就是所谓的灵感。"这当然是一家之言，还有很多问题值得进一步研究。

灵感和悟是同义词，包括顿悟和渐悟。这里主要是指顿悟而言，渐悟则以渐修代之。后面整篇文章就是为了探讨中华民族几千年来研究和崇尚灵感思维的历史和成就的，并希望在今后漫长的历史时期中进一步发扬这个优良传统，为全人类做出更大的贡献！所以文章定名为：中华崇悟文化赞。

二、崇悟文化概说

本文的重点在于探讨与灵感（顿悟）思维密切相关的三个主要问题。

惜迄今还很难对灵感（顿悟）思维做出一个公认的、令人满意的定义。我们也只能在综合几位学者的观点后，再结合自己的领悟暂时做一个自以为是的概括而已：灵感（顿悟）思维是人类原始的思维本能之一，是一种既超越感性认识，又超越理性认识的内心直观方法。这种思维方式的主要特征在于：它是一种带有突发性的、偶然性的、独创性的、模糊性的、个体性的，但确能对客观世界做出直截了当和整体性把握的、不证自明的和不可取代的思维方式。

现就上述各点逐项加以说明：

1. 何谓灵感思维

人类的思维功能不是天上掉下来的，而是人脑在进化过程中获得的。不管人们如何对思维方式进行分类，它们都是人的一种本能。思维本能和其他本能一样是受很多因素制约的，应该是有规律可循的。

灵感思维从名称上就表明：它既不是逻辑推理，也不是根据形象来思考和表达，而是靠自己头脑里早已存在和积累的知觉经验和一时的情境激发而"摩擦出来的思维闪光"。这个过程称为"灵感——是主观灵性对客观情境的感应"。灵感思维具有许多特有的性质，不可取代，也不可重复。

（1）突发性：灵感思维常在不曾预料和计划的时间和情境下发生，常在某种本不介意的情境触动下发生。相传牛顿见到树上苹果落地而悟到万有引力。禅宗大师们的案例中奇奇怪怪的事不可胜数：有嗅花香而悟道的，有跨过水井见到自己的倒影而悟道的。据说阿基米德定律也是阿基米德在浴盆里洗澡时突然悟到的。我的"体质类型决定病证"的理论则是我在农村巡回医疗期间短时间内一次门诊5个小时需要诊治上百病例的情境下突然悟到的。我的"人体新系猜想"（在以结构为主的疾病诊疗系统和以藏象经络功能为主的中医学系统之间必有一个以代谢生理为主的、可以统一功能和结构的新系统存在）是我在一个清晨将醒未醒时，迷迷糊糊地在床上突然想出来的，马上起床，快速写出一个提纲，以后慢慢补充而成的。

（2）整体性：整体和局部是万事万物在结构上存在的形式。对局部的认识需要分析法，对整体的认识需要综合法。分析可用逻辑思维，综合宜用灵感思维，经过这种思维的飞跃和超越，才能从局部综合为整体。中国传统哲学的道、无、太极、无极、理、气、性、神、情等都是无法用语言传说的，只能用超理性的、体验式的灵感才能做到整体把握。

（3）偶然性：有些思想自己也不知道怎么产生的，大多数是在工作或思考过程中偶然而来的。两个情景相差甚远，互不相关，一个偶然的机遇发现了相通之处，从而提出了新观点。如2009年，我在创作"生命微观意象艺术"[4]的国画，正在画细胞膜高低不平、五颜六色的泼彩时，瞥见旁边桌上放着的一本香港朋友送给我的太空颜色照片，两个画面不期而遇，我脑子里一闪而现：这不是"天人同构"吗？地球表面和细胞表面形象是一样的嘛！于是立刻定下了"天人同构"说，以后再静下心来推究其同构之理。我认为这是细胞形成于三态，即气态、液态和固态，而地球也是形成于这三态。物质三态是同理的，所以地球表面和细胞表面也是同构的。故我在出版的画册里还做了多方对比。是否如此，当由读者评说。

（4）独创性：科学研究贵在创新，贵在破旧立新而时有争论。逻辑思维和形象思维是人类常用的，特别是当有不同观点和同道辩论争鸣时更是常用：提前提，列论据，经推论或演绎，或归纳，头头是道，最后振振有词，得出必然的、无可否定的结论，终于以胜利而告终。虽然逻辑思维和形象思维都可以有独创功能，但一般来说，重大的、突破性的独创性理论多由灵感思维而来。文学、艺术、音乐、绘画、哲学专业等重大创造，靠推论是比较困难的。我的体质病理学、人体新系猜想、生命微观意象艺术等也都有独创性。拙文"理论创新是科学发展的里程碑"中如实记录了我66年来的10项主要创新项目，其中大多数是灵感思维的结果。

（5）不可重复性：是指每一次由灵感思维发现的规律既史

无前例，以后又不可重复。如前所述，我悟到的"异病同证和同病异证的基础是体质"这一规律，医学史上既无前例，后人也无法再重复一次同样的顿悟过程。"抄袭"和"引述"与原版的灵感思维本身无关。

（6）个体性：灵感思维不是集体讨论的结果，而是个人在特定条件下激发出来的。

（7）模糊性：这是公认的灵感思维的一个特征，是与逻辑思维的精确性相对立的特征。模糊性往往是被作为灵感思维的"不足之处"提出来的。其实，这不公平！天下万事万物只要在不停地变化，那么，所谓的"精确性"就不可能存在，而不精确性则永远存在。只要是从整体立场看问题，那么，若把这个整体分为多少个局部是随机而变、不确定的，则其局部之间的相互关系就是不确定的。如果同意这点，那么模糊性就应属普遍真理，而不应该认为是灵感思维的"不足之处"。海森堡曾提出了所谓的"测不准原理"，就是因为主观观测者的思维能影响测量结果，故所谓"科学"的定量都是"测不准"的。既然如此，那还有什么"精确性"可言？最后，从灵感思维形成的来龙去脉看，它是"只能意会，不能言传""言不尽意"的，所谓"言语道断，心行灭处"，就连产生灵感思维的本人也说不清楚。

（8）或然性：是指灵感思维所悟出来的东西不一定都是正确的，其结论不一定完全符合客观事实，需要进一步，最好由另一个人用客观事实加以证明。我们认为灵感思维的或然性是经常发生的，随着这个人的灵商高低而定。古今中外那些江湖骗子靠"灵感"骗人是常见的，不能不防！因此，灵感思维的结果必须要有客观事实的验证，否则，只能作为假设或猜想而存在。顺便指出：逻辑思维中的归纳法也是有或然性的。

（9）神秘性：有不少文献概括灵感思维时都会加上这一条"神秘性"。这三个字可以理解为褒义词，说它有上面那么多的特征，不可捉摸，不可模仿，简直高深莫测，具有"神秘性"。但这三个字也可以是贬义词，因为灵感思维来无影去无踪，有时准确无比，前知五千年，后知五百年，有时胡说八道、装神弄鬼、神秘兮兮。因此，我们不反对在灵感思维的特征中用"神秘性"三个字，但这应是中性的，毕竟灵感思维的本质还不清楚，即使是今天的西方科学、西方心理学和哲学也都不清楚，下不了结论。

2. 灵感思维的发生机理探讨

这也是一个暂时说不清、道不明的问题，在此只能综合文献，略述己见而已。

刘奎林在归纳灵感思维史时称，有所谓"神赐论""不可知论"和"客观描述论"等三种主要不同意见。[3]

按我国先秦哲学的主要原理分析，我们体会：产生灵感思维的根本依据在于"天人合一"和"心物一元"论。"天人合一"论在先秦时期即有，而这四个字作为一个成语则最早出自北宋张载的《正蒙·乾称》："儒者则因明致诚，因诚致明，故天人合一。"[5]我们对"天人合一"可有两种理解：

（1）天与人本来是一个东西，后经长期分化而变成两个。这个事实从宇宙发展演化史上可以得到证明。原始宇宙中本来没有人，人是由各种物质经过亿万年的演化发展而来的，人亦是一物而已，所以可称为"天人合一"。人一旦形成，与天、与其他物就分开来了，但人的一切和天及其他物质仍息息相关，天地万物会随时随地地影响着人，人的一举一动也会随时随地地影响着天地万物，人与天地依然是一个整体中的两个不可分离的局部。

（2）大家都同意，人脑是由各种物质组合发展而来的，思维功能是人的本能之一。现已证明：思维是人脑物质的一种波动形式，不同思维之波动频率是不同的。而客观世界的各种物质也在不断地运动，它们也会产生各种不同频率的波动。当两种波动的频率相同时就产生共鸣，这种共鸣就是"感而遂通天下之故"。这种突如其来的豁然贯通就叫"灵感思维"。

如果天以物为代表，人以心为代表，那么，"心物一元"和"天人合一"即成为同义词。

3.应为激发灵感思维创造条件

灵感思维的确具有神秘性，说来就来，其内容五花八门，发生条件也不一而足。从历代不少高僧开悟实例分析，也实在看不出激发条件有什么规律可循。我自1956年从上海医科大学毕业，1960年开始自学中医学后，即从事中西医结合临床病理研究，迄今已近一甲子，有过多次灵感思维，也确有不少创新，对若干古人高论有点体会，今写出来供有心人参考并请指正。

（1）《管子·内业》篇有一段非常重要的论述："思之，思之，又重思之，思之而不通，鬼神将通之。"[6]这是说：如果对某个重要问题念念不忘，朝思暮想，甚至废寝忘食地思念着，只要没有解决，就一直思考着，终会有一天"鬼神将通之"，灵感会突如其来。我的体质病理学、人体新系猜想都是这样产生的。

（2）《周易·系辞上》："易，无思也，无为也，寂然不动，感而遂通天下之故。"[2]这里告诉您：先要把自己的思想修炼到"无思，无为""寂然不动"的状态，只有到了这个状态，"感而遂通天下之故"，想解决的问题才会自然而然地迎刃而解。"感"就是灵感思维来临，"通"就是融会贯通。我自己每在早晨寅卯二时、将醒未醒之际，创新思维最为活跃，可以用"层出不穷"来形容。当然，有不少是鸡毛蒜皮之事，胡思乱想，但其中亦有不少精彩的飞跃！一旦有，我就会立即打开床头灯，用常年准备随时记录的小本记下来，然后，再作深入的思考、论证和发挥！日后写成的论文多是灵感之后，经深入论证的结果。

（3）《老子》[7]亦用类似的方法。"塞其兑，闭其门"（第五十二章）；"为学日益，为道日损"（第四十八章）；"见素抱朴，少私寡欲"（第十九章）。这些都是创造一个让思想处于"寂静"的条件，此时即让灵感思维独占鳌头，发挥作用。

（4）按《庄子》[8]的见解，灵感思维的发生有个过程。"大宗师"里有一段很精彩的描述，是南伯子葵和女偊的对话："夫卜梁倚有圣人之才，而无圣人之道，我有圣人之道，而无圣人之才，吾欲以教之。"于是女偊教卜梁倚："吾犹守而告之，三日而后能外天下；已外天下矣，吾又守之，七日而后能外物；已外物矣，吾又守之，九日而后能外生；已外生矣，而后能朝彻，朝彻而后能见独；见独而后能无古今；无古今而后能入于不生不死。"自从外天下，一路修证下来，直到不生不死，"杀生者不死，生生者不生。其为物，无不将也，无不迎也，无不毁也，无不成也。其名为撄宁""撄宁也者，撄而后成者也"。这时候就达到了不受内外事物的干扰，保持心境的宁静。如果能达到这个思想境界，那么，灵感思维也就产生了。

（5）《素问·八正神明论》[9]对神的定义："神乎神，耳不闻，目明心开而智先……"其实，这也是对灵感思维的经典描述。我已对这段经文注解过多次，在此恕不重复。只为灵感思维创造条件，而对"耳不闻"再强调几句：所谓"耳不闻"就是要求眼、耳、鼻、舌、身、意六种感官统统都停止不用，这和上述的"无思也，无为也，寂然不动"是同一个状态。到了这个状态，灵感思维就可能产生。

三、中华崇悟文化史略

我们认为：中国古代文明之所以处于世界领先地位，主要是因为中国古人强调并擅长灵感思维——"悟"[1]。五千余年，特别是1840年鸦片战争以来，灵感思维受到了抑制，处于低潮时期，直到目前才渐渐觉醒，进入了复兴时期。中国科技又将快速发展，而灵感思维的复兴将起到重要作用。希望大家善待自己的民族文化，并好自为之！

1.《周易》与《易传》[2]中的灵感思维

灵感思维方式源于《周易》。如前所述，"天人合一"是中国传统哲学的一个基本的也是独特的观点，它既是灵感思维的根据，又是灵感思维的产物。《周易·系辞下》讲："古者包牺氏之王天下也，仰则观象于天，俯则观法于地，观鸟兽之文与地之宜，近取诸身，远取诸物，于是始作八卦，以通神明之德，以类万物之情。"古人通过对天之象、地之法、鸟兽之文的观察，"眉头一皱，计上心来"，经灵感思维，客观事物的来龙去脉已一目了然，什么都知道了，可通神明之运用，可类万物之情状。"感而遂通天下之故"，只此一感，所观事物的所以然都可了然于心！玄之又玄，故老子称灵感思维为"玄览"。目前，不少哲学家认为灵感思维是原始人类在物我不分时、混而统之朦朦胧胧时的一种思维方式。当人类进化了，分清了主观思维和客观存在以后，进入了逻辑思维，一是一、二是二，心是心、物是物时，才是客观的、明确的、具有说服力的思维方式。久而久之，当这种灵感思维能力日渐退化、几乎丧失时，反而认为灵感思维是落后的、神秘的、不可信的。遗憾的是，今天中国的不少知识分子跟在大多数西方科学家后面，邯郸学步，灵感思维早已所存无几了！唯阿基米德、牛顿、爱因斯坦和钱学森等少数顶级人物确认灵感思维的存在，还能应用于自己的科学实践中。今天之所以要写这篇"中华崇悟文化赞",就是想唤醒沉睡了几百年的同胞,猛提灵商去认识世界,"以通神明之德,以类万物之情",好好为人类服务!

2. 儒家：孔子和孟子[10]

儒家主要讲伦理道德问题,其根本立足点主要在于一个"情"字。"情"就不是数理化和逻辑思维能说得清的问题了!

（1）孔子的"仁"：仁是儒家哲学的核心,这是人类的本性使然。"人之初,性本善。"仁就是性善的集中表现,也是孔子"一以贯之"、强调了一辈子的事。

（2）孟子的"诚"：传统史学界认为,"诚"是孟子首先强调的,对中国传统哲学是有贡献的。"诚"的根本在于天道,这仍然是"天人合一"的概念。"诚"还有一个意义,就是思维专一。我在探讨《灵枢·本神》论及人的思维过程时特地强调了"诚"的作用：只有当人的思维状态到达非常专一时,灵感思维才会出现;不到这个时候是不会产生灵感思维的。因此,对于孟子的"诚",将来还应做更深入的研究。

3. 道家：老子和庄子

（1）老子的道（老道）：我现在读《老子》,满眼看去只有"有无共存,正反离合,隐显有序",其中既有本体论,又有方

法论，体现了"体用一体"的思想。关于本体论的道，如第
二十一章："道之为物，惟恍惟惚，惚兮恍兮，其中有象，恍
兮惚兮，其中有物。窈兮冥兮，其中有精，其精甚真，其中有
信。"说它有又好像没有，说它没有似乎又有；说它实存却看
不见、摸不着，说它不实在似乎其中确有东西。这种状态，只
能靠灵感思维去体悟。再举方法论，第十六章："致虚极，守
静笃。万物并作，吾以观其复。夫物芸芸，各复归其根。归根
曰静，静曰复命。"这是教人静坐，无思无为，在万物竞存的
客观世界上，让自己悟得的天性回归到自己原来的面目。这里
是人的根本，能归到根本要靠静，静极了，就可以回到本命，
这叫复命。这是老子教人如何发挥灵感思维去悟生命的根本。

（2）庄子的道（庄道）：老道旨在探讨人与自然的关系，
庄道则重在探讨人如何在道法自然的前提下获得精神自由的问
题。"逍遥游"在讲人的精神如何神化，如大鹏展翅，"水击
三千里，抟扶摇而上九万里"。"齐物论"是要发挥人的主动的
思维功能去齐天下不齐之物，反对物化以去尽物欲，让人类进
入另一个时空。至于庄子的方法论，明确地、集中地体现在
"坐忘"和"心斋"中。"大宗师"称："堕肢体，黜聪明，离
形去知，同于大通，此谓坐忘。"当感到四肢没有了，思维没
有了，智慧没有了，什么都没有了，这时候，思维与空虚融合

在一起，则称为大通。此时，灵感思维可能会突然涌现，正如《管子》所形容的"鬼神来通之"。"人间世"则提出了"心斋"之法，有异曲同工之妙，亦足供参考。

4. 魏晋时期

魏晋时期是中国哲学思想史上比较活跃的特殊时期，崇尚"三玄"之学，重在阐发《老子》《庄子》和《周易》中有关有无、意言、动静等学术思想。我今天才悟到，这些争鸣实起源于不同的思维方式。如按逻辑思维看世界，一步一个脚印，处处是有；如按灵感思维看世界，则处处是有无共存，只能意会，不能言传，只能以"不立文字""默然不语"以对。关于"三玄"的具体辩论内容已为大家所熟悉，故不再啰唆。

对于灵感思维的精彩描述，有两位名家的名论值得一提。一是文学批评家陆机，他在《文赋》[3]中所说："若夫应感之会，通塞之纪，来不可竭，去不可止。"灵感发生时，突如其来，势不可当；灵感去了以后，到"六情底滞，志往神留，兀若枯木，豁若涸流"，什么都没有了！如此莫明其妙的情景实属难于理解，知其确实存在，但不知其何以存在，只能一阵浩叹而已："虽兹物之在我，非余力之所戮。故时抚空怀而自惋，吾未识夫开塞之所由也。"当然，我认为这只是"未识夫开塞之由"，还难得出"不可识开塞之所由"的结论。

另一位是刘勰，他在《文心雕龙》[11]中对灵感思维有更精彩、更切实的描述，认为灵感思维对于作者和作品的质量至关重要，如"神思"一开头就指出："文之思也，其神远矣。"作者写作时，其构思是十分重要的，构思取决于其精神活动，而精神活动又是无边无际的，"故寂然凝虑，思接千载，悄焉动容，视通万里"。故此时作者静静地让思想凝集起来，达到如《易》所讲"无思也，无为也，寂然不动"的境界，即可能"感而遂通天下之故"。时间上可以联想到千年之前，空间上可以观察到万里之遥，"吟咏之间，吐纳珠玉之声；眉睫之前，卷舒风云之色，其思理之致乎"！作者在创作时多作吟哦推敲之态，此时各种声色风光都可以来到面前，这就是构思的妙处，也就是灵感思维的妙处。"思理为妙，神与物游，神居胸臆，而志气统其关键；物沿耳目，而辞令管其枢机。枢机方通，则物无隐貌；关键将塞，则神有遁心。"这时候，如果灵感思维来了，则样样通顺，一切显露在前；如果思路塞而不通，则神思隐避不显了。这时该怎么办？刘勰说，要"陶钧文思，贵在虚静，疏瀹五脏，澡雪精神"。此时要梳理思路，要做到寂然不动，思维专一，心无旁骛，这样心灵就可能畅通无阻，精神也获得净化，写作就能一泻千里，水到渠成。所以，他在"养气篇"里也提道："夫耳目鼻口，生之役也；心虑言辞，神之用也。率志委和，则理融而情畅；钻砺过分，则神疲而气衰，此性情之数也。"刘勰指出，如果要写作顺畅，思路不塞，需要"养气"以待，要"率志委和"，不要"钻砺过分"而"神疲气衰"。这些都是为形成灵感思维培育条件之论。

5. 宋明理学家 [12, 13]

宋明时期也是中国哲学思想比较活跃、发展较大的时期，相应地，灵感思维发展亦较多彩。

（1）程颢：在理学家中，程颢是最善于言"仁"的思想家，他首先提出并系统论述了"天地万物一体"境界。他说："夫天地之常，以其心普万物而无心；圣人之常，以其情顺万物而无情。故君子之学，莫若廓然而大公，物来而顺应。"蒙培元[14]认为：其实，这就是实现"出于情感而又超情感的心灵境界"，产生这种情感体验的思想根据来自直觉认识（灵感思维）。因为，情感是个人的，主观的，相对的，内在的，瞬间即逝的，无法用语言表达的，除以直觉去领悟外，别无他途。

（2）朱熹：他提出了一系列理学命题，如理气先后、理气动静、理一分殊、未发已发、心统性情、天命之性与气质之性、主敬涵养、格物穷理、道心人心、知先行后等，对此等命题的提出与议论用的多是灵感思维。如"已发未发"说，称"心为已发，性为未发"，从这里出发，把人的修养分为两个阶段：一种是未发功夫，称"主敬涵养"；一种是已发功夫，称"格物致知"。陈来[14]解释道：所谓未发时的主敬是指在无所思虑与情感未发生时，仍能最大限度地平静思想和情绪，心境清明而不昏乱，使心达到在觉醒状态下的一种特殊宁静状态。"格物致知"则是物穷理至乎极，其方法程序则是"用力积累"与"豁然贯通"，这种"豁然贯通"的境界就是灵感思维的重要特征。

（3）王阳明：他是明代"心学"运动的代表人物，著《传习录》留世，提出了"心外无理""心外无物"和"身主宰便是心，心之所发便是意，意之本体便是知，意之所在便是物"等原理。"致良知"是王阳明"心学"的成熟形式，"良知"是指"是非之心"。王阳明晚年提出了所谓"四句教法"，称："无善无恶心之体，有善有恶意之动，知善知恶是良知，为善为恶是格物。"对此四句话，其弟子钱德洪和王畿因有不同理解而发生了争论。王氏认为"心意知物都是无善无恶的"，这种看法被称为"四无法"，而钱氏则认为"心体至善无恶"可能更好些，这种看法称为"四有法"。二人要求老师详细阐明"四句教法"的宗旨，史称"天泉证道"。王阳明认为"四无法"是用来接引上根人（灵商较高的人），"四有法"则用来接引下根人（灵商一般的人）。上根人以"顿悟"为功夫，下根人则以"渐修"为功夫。由此可见，王阳明可谓是"崇悟"的一位杰出代表人物。据史推断，这可能是源于他当年的"龙场悟道"。龙场之后，他提出了"心即是理"和"心外无理"的学术思想。

6. 1840 年鸦片战争以后

1840 年鸦片战争一声炮响，使当时相当一部分好心的知识分子迷失了方向，见到"赛先生"和"德先生"而望风披靡，看到枪炮胜过爆竹，一时误以为西方科学胜过中华文明，对客观物质的微观理化分析的热情远远超过了对宇宙人生的宏观哲理认知。历史使人聪明，历史是人类最好的老师。我个人认为，其根本是思维方式上的误入歧途：认为逻辑论证优于灵感思维，误认为前者才是科学的，后者则是"臆测的"。直到现在还有很多人执迷不悟。最近党中央高瞻远瞩，坚定不移地提出要振兴中华传统文化，希望人们能"悟以往之不谏，知来者之可追，实迷途其未远，觉今是而昨非"，改弦更张，建立文化自信，珍惜和发扬自己头脑里经过了亿万年进化而来的优秀品质——擅长灵感思维的传统，今后能为我中华民族屹立于世界民族之林而贡献自己的智慧！所以，我虽然不是哲学家，只是一介草民，仍愿尽些微薄之力，写此文而大赞特赞也！

虽然鸦片战争以来，灵感思维方式在国内哲学界受到不同程度的忽视，但还是有一些有识之士坚持着。如：

（1）冯友兰：冯先生倡导"天地境界"说[14]。他没有全盘否定灵感思维，而是引进西方的逻辑思维方式，分析了中国哲学的基本概念，如"理""气""道体""大全"等，提出了不少独创的见解。他认为"境界"既是一个"觉解"问题，又是一个"意义"问题。"觉解"则既是一种直觉的认识，又是一种意义的认识。蒙培元先生[14]对"觉解"作了如下诠释：直觉认识是对事物（包括人之所以为人之性的自觉）的思维，不能进行对象化的分析；意义认识是对人而言的，不是对物而言的，它要了解宇宙和人生对于他有何意义。因此，离不开人的主观需要和评价。冯先生倡导的"天地境界"，从本质上看也是指的"宇宙全体"，就是先秦哲学中所讲的"天人合一"境界。所谓"大全"，蒙培元又认为就是宇宙全体，包括自然、社会和人：这种境界中的人，他自己就是"大全"，"我"与"非我"、"主观"与"客观"的分别，对于他已不存在。就人的形体而言，他仍然是自然界的一部分，他的心也是自然界的一部分，但是在精神上却超越了有限的自我，进入了浑然与物同体"与物无对"的最高境界，这是一种精神的超越，也是一种精神的"创造"。

（2）王国维：王国维先生《人间词话·二十六》[15]有言，古今之成大事业、大学问者，必经过三种境界。"昨夜西风凋碧树，独上高楼，望尽天涯路"，此第一境也；"衣带渐宽终不悔，为伊消得人憔悴"，此第二境也；"众里寻他千百度，蓦然回首，那人却在灯火阑珊处"，此第三境也。第一境是说研究者自立崇高的追求目标；第二境是为此目标而深思熟虑，虽历千辛万苦也不灰心丧气；第三境是灵感思维降临，豁然开朗，所要追求的目标就在眼前"灯火阑珊处"，简直喜出望外，不能自已！

我曾引了这三句话在《匡调元医论》第二版书前的内容提要中，因为这三句话正符合我60余年来进行中西医结合临床病理研究的心路历程！[16]

四、灵感思维和中医药学

2014年2月10日，国家主席习近平会见世界卫生组织总干事陈冯富珍，在谈到有关发展中医药的话题时说："中医药……是打开中华文明宝库的钥匙。"此话在中医药界引起了强烈反响。我看到这个报道时头脑里立刻引发出两个问题：第一，中医药学为什么能成为打开中华文明宝库的钥匙？中医药学怎么会在中华文明宝库中占有如此重要的地位？第二，毛泽东同志说过："中医药学是一个伟大的宝库，应当努力发掘，加以提高！"那么，什么又是打开中医药学这个宝库的钥匙呢？

我对第一个问题的思考：因为几千年来，传统中医药学无所不包地与儒、道等各家学说共同构成了中国传统文化的核心内容，二者是同源、同构、同理、同用、同效的，是一，不是二，所以中国历代都传有"不为良相，当为良医"之说。因此，懂得了中医药学也就等于懂得了中国传统文化，反之亦然，只有懂得了传统文化才能真正理解中医药学的精华。目前，之所以有很多中医成不了大器，这与中医药院校长期以来没有抓好中国传统文化的教育和熏陶不无关系。

南怀瑾在《小言黄帝内经与生命科学》[17]中语重心长地写道："《黄帝内经》它不只是一部医书，它是包括医世、医人、医国、医社会，所有心医的书。""它是通于政治、经济、教育、军事、任何一门学科的大原则。"

1982 年，我为了探讨中西医结合的方法学，曾在"多学科，多途径，多指标，同步测试，相关分析"[18]一文中提到了《内经》的多学科渗透问题，其中有代表性地分析了中国传统哲学、天文学、地理学、人类学、心理学、化学等学科，中华传统文化各个组成部分都已包罗万象地渗入其中。因此，中医药学确实有资格作为"引子"成为打开中华传统文明宝库的一把钥匙！

我对第二个问题的思考：打开中医药学宝库的钥匙是代表中国人高度智慧的思维方式——灵感思维！客观世界的奥秘只有靠正确的、创造性的主观思维去打开！我体会：思维方式中最奥秘、最高明的方式是灵感思维。

1988 年，我在"中西方传统思维方式比较研究"[18]一文中明确指出"直觉领悟（灵感思维）是传统中医药学的一种独特思维方式"，并对此做了系统而全面的论证，认为它是整个中华民族高度智慧的集中表现，也是《内经》建立其理论体系时所用的绝妙方法。在此恕不重复。

目前，中国的西医、中医、中西医结合者之间，或多或少地出现了一些不该有的互不服气的情绪。按愚见：这主要是由于中西医双方主流学者对两种思维方式存在着根深蒂固的执着而引起的误解所致。如果按西方哲学重在研究形而下的物理世界所习用的讲究分析，注重普遍，偏于抽象，着眼于局部解剖结构，只信赖定量测试，步步论证，那么对于中医学的辨证论治就将格格不入；如果按中国传统哲学重在研究形而上的精神世界所习用的灵感思维，重整体功能，重直觉定性，重瞬息万变，那么对西医学也是不屑一顾的。

其实，逻辑论证和灵感思维都是人类思维的本能，原本是统一的，现在却人为地把它们对立起来，互相贬低，水火不容，这是人类思维科学落后于形势所造成的"小悲剧"！今天，我仍然希望在全国上下众志成城，努力实现"中国梦"的大好形势下，中医药界的精英们发挥自己的聪明才智，在发展灵性创造力的同时，加强论证说服力，只要是真理，一定将在形而下的物和形而上的心两个方面都能找到证据。我们要持"既能看好病人，又能说出个所以然来"的态度，毕竟"知其然而不知其所以然"不如"既知其然更知其所以然"！

我想大家最好站在全人类的高度去看与全人类有关的重要问题，所以，我把30年前提过的问题，今天又不嫌其烦地再啰唆一遍，以请同道们好好思考一下：怎么能让人类文明既具有灵感思维的创造力，又具有逻辑思维的论证力？

五、赞

　　这篇文章为何取名为"中华崇悟文化赞"？且全文的结语只标了一个"赞"字？有什么值得赞的？主要理由如下：

　　1. 中国传统哲学有个非常重要、非常有特色的观点就是"天人合一"。"天人合一"就是用整体性综合思维、用灵感直觉意念出来的。"天人合一"一直是指导着中国人如何认识宇宙人生的思维原则。自《周易·系辞下》"天地氤氲，万物化醇，男女媾精，万物化生"开其端，而后有老庄道学、董仲舒的"天人感应"、张载的"因明致诚，因诚致明"、程颢的"一天人""以天地万物为一体"、程颐的"天道与人道"的同一性、王夫之的"尽人道而合天德"，直到本文所强调的灵感思维，无一不是植根于"天人合一"的。这是中国传统文化的核心思想之一，今后还要继续发扬光大。因此，我们要建立文化自信，就必须要正确地认识并大力地赞扬灵感思维方式。

　　2. 人类要生存得更好，一定要不断地创新。创新主要靠灵感思维，在此基础上，才用逻辑思维加以验证。虽然二者是统一的，但是先后次序不能颠倒。所以，要盛赞灵感思维。

3. 传统中医药学是打开中华传统文化的一把钥匙，而打开中医药学的钥匙是灵感思维。《黄帝内经》的神本论源于灵感思维[20]；《素问·上古天真论》强调"恬淡虚无，真气从之，精神内守""得神者昌，失神者亡"。《难经·六十一难》有言："望而知之谓之神。"还有不少中医名著，如《扁鹊心书》《丹溪心法》《医学心悟》《全幼心鉴》《外科心法》《金匮要略心典》《痘疹心法》等，不胜枚举，书名都称为"心"，这都是强调：此书是由灵感思维来的。

4. 上一篇"无极哲学"[19]和这一篇"中华崇悟文化赞"原属姊妹篇：前者是本体论，是论无极态的；后者是方法论，是讨论如何从太极态到无极态去的。我们如果想从太极态到无极态去，只能通过灵感思维，别无他法，逻辑思维是无能为力的。1840年以来，在西方过于强调逻辑思维的影响下，国内不少哲学家常常提醒人们，对灵感思维不要估计太过。当然，太过不对，但不足也不对。

5. 我不是哲学家，当然不免说些外行话。但是我看到有些哲学家并不理解灵感思维的真正作用及其与逻辑思维的关系，表现在：①忽视了人类的创造主要来自灵感思维；②不强调灵感思维同样是人类的本能；③逻辑思维的主要功能在于论证，创造力远逊于灵感思维；④不少哲学家对灵感思维缺乏亲身体验，因此贬灵感而褒逻辑，以致中华崇悟文化近300年来受到了压抑，这恰恰实现了西方列强的文化侵略。

到21世纪后，中国在经济上翻了身，随之国力增强了，话语权也提高了，灵感思维也将重新受到重视，从而促进科技发展的速度和力度。我们应不失时机地加速提高并发展中华民族天赋的灵感思维的优越本能，以促进人类智能的大发展，其前途不可限量！

6.著名哲学家李泽厚在《关于思维科学·漫述庄禅》[3]一文中语重心长地写道："无论庄、禅……表现出直观领悟高于推理思维的特征。也许，这就是中国传统不同于西方的重要之处？也许，在剔除了其中的糟粕之后，这就是中华民族将以它富有生命力的健康精神和聪明敏锐的优秀头脑对世界文化做出自己贡献时，也应该珍惜的一份传统遗产？先别忙于肯定或否定，想想，再想想。"我特别赞赏这句铿锵有力的话，所以从1986年读了此文至今30多年来已多次引用，并为之自豪！本文以再引为荣，作为压轴之说！

主要参考文献

［1］张岱年．中国思维偏向．北京：中国社会科学出版社，1991

［2］朱伯昆．易学基础教程．北京：九州出版社，2002

［3］钱学森．关于思维科学．上海：上海人民出版社，1986

［4］匡调元．生命微观意象艺术．上海：上海世界图书出版公司，2011

［5］张载．张子正蒙·乾称．上海：上海古籍出版社，2000

［6］张岱年．中国哲学大纲·形神问题简述．北京：中国社会科学出版社，1994

［7］沈善增．还吾老子．上海：上海人民出版社，2005

［8］张耿光．庄子全译．贵阳：贵州人民出版社，1992

［9］中华书局．黄帝内经（中华经典普及文库）．北京：中华书局，2011

［10］张岱年．中华的智慧．上海：上海人民出版社，1991

［11］刘勰．文心雕龙．济南：齐鲁书社，1990

［12］陈来．宋明理学．沈阳：辽宁教育出版社，1995

［13］张立文．宋明理学研究．北京：人民出版社，2002

［14］蒙培元．心灵超越和境界．北京：人民出版社，1998

［15］王国维．人间词话百年解译．刘锋杰，章池，集注．合肥：黄山书社，2002

［16］匡调元．匡调元医论．2版．上海：上海世界图书出版公司，2011

［17］南怀瑾．小言黄帝内经与生命科学．北京：东方出版社，2008

［18］匡调元．中医病理研究．2版．上海：上海科学技术出版社，1989

［19］匡调元．太易心神学．北京：中国中医药出版社，2018

试以『无极哲学』论抽象艺术

（一）

什么是抽象画？

《抽象绘画语言简明教程》[1]在第一章第一节概念中即指出："抽象艺术是指那些不能依托于客观自然形态，而从独立的形状和色彩进行创作。"意思是说，抽象画不是画的客观存在的具象的实物，而是那些离开了实物形状的东西。由此而论，抽象画什么都不是，不是某个东西，只是点、线、面、色等而已。真是随心所欲，不知所云，但看起来很美。

那抽象画真的什么都不是吗？不，因为它离开了具体实物，所以，它什么都可以画，都可以有点像，但又都不太像。

那抽象画都是随便乱画的吗？外行看起来有点像是乱画的，如美国的抽象画名家Pollock，把画布摊在地上，用油料桶、油画笔随意"乱泼"。涂泼一阵后，大作告成。有一次，一幅抽象画，竟拍出高达1.2亿美元。报道出来后，我无知，看不懂，曾误以为这是"绘画艺术的堕落"！后来，看到吴冠中先生评论，称这叫"无序中的有序"。哇！茅塞顿开！是呀，说它有序，似乎杂乱无章，什么都不是，一塌糊涂；说它无序，则有条不紊，层次井然，俨然有什么隐在其中。再细看

Pollock 的其他作品，的确不是乱来的。再看赵无极[2]的作品，有序似乎多于无序的成分。

（二）

据载，有人问毕加索怎么欣赏抽象画？毕加索问："您听过小鸟叫吗？"答："听过。""听得懂吗？""听不懂。""好听吗？""好听。"毕加索说："好听就好。听不懂不是主要的。"

（三）

上面两节说的都是关于抽象画的事实，不是理论。关于抽象画，教科书里有有关美术专业的高明理论[1]。我不是美术专业的，只是一个好说闲话的观众。在这里只是说点闲话而已。说的外行话，请批评指正。

我觉得，如果按古今中外对绘画艺术的意境和技术来分，大致可分为具象、意象和抽象三大类。具象画就是见什么画什么，越像越好。意象画就是想什么画什么，大概像什么就好，妙在似与不似之间。抽象画是什么也不是，什么也不像，只有点、线、面、色、空间和肌理等组成形象的一些要素而已。它什么也不是，但可以什么也有点像，您想像是什么，它有时就会有点像什么。妙在它不是无，它有象，还有美感。如果是无，那么连抽象画也不存在了。

2018 年 1 月，我在《上海中医药大学学报》上发表了一篇"无极哲学"[3]，在此文中有一个"无极哲学赞"，共 20 个字："有无共存，正反离合，隐显有序，两极相望，一念往返。"

史载，5000 余年前，从伏羲氏一划分天地后，《易经》行遍中华大地。春秋时，老子倡《道德经》；战国时，庄子主"齐物论"。在古印度（今尼泊尔），释迦牟尼说"空"为妙有。我理解，这些思想都是一种"无极思维"。

在人类的思维方式中，有一种认识：世界万事万物是有分别的。如《易经·系辞》说："是故《易》有太极，是生两仪，两仪生四象。"这种思维方式可称为"太极思维"。另一种则认为世界最初是无分别的，是混沌为一的：无所谓有无，无所谓正反，无所谓隐显。如《道德经》所说"有生于无"，《庄子》所说"物无非彼，物无非是""因是因非，因非因是"，《心经》讲"照见五蕴皆空"，这些都可归于"无极思维"。从无极顺演到太极和从太极逆返到无极，都只需一念而已！

太极与无极也是共存的，在一个人的思维中只是不同时间各有侧重而已，绝不会全无或全有的。

（四）

现在，试用"无极哲学"来论抽象画。

我体会创作抽象画的核心在于作者的审美观念和动机。如果您仅用点、线、面、色、空间和肌理等作画能引起观众的共鸣，那您是在作抽象画，否则，就没有完成作画任务。

人类的审美心理学是一门非常有趣和非常深奥的学问。《抽象绘画语言简明教程》在"抽象语言的基本形式要素"一节中提出了抽象画的六个要素，即点、线、面、色、空间和肌理等视觉要素。下面我再从无极哲学的"有无共存，正反离合，隐显有序"的视角，进一步探讨我为抽象画归纳的五个主要特征：

1. 抽象画的"原始性"

各种绘画都是从艺术的角度去描绘一切"形式"或"形象"的，都是借人类的视觉去感受其中之美的。从宇宙到人间，一切有形的东西都可以入画。这种形可分成整体性的具象和结构性的抽象。前者如山水画、花鸟画、人物画、静物画等，画的是某个实物。后者则为点、线、面、色、空间、肌理等，不成为一物，仅是各种具象之物的构成元素而已。我称后者是前者的原始性形态。它们是宇宙万物的两个不同层次的表现，是视觉美的两种不同形式。

正如吴冠中所说："抽象，那是无形象的，虽有形、光、色、线等形式结合，却不表现某一具体的客观实物形象。"[4]概括地说，抽象是从具象中抽出来的，具象是由抽象元素组合而成的。

2. 抽象画的"无极性"

"无极"一词早见于先秦哲学著作，如《老子》《庄子》中，宋明理学曾提及，惜仅一带而过，并未深论。我曾于2018年提出了"无极哲学"，并将其归纳为20个字："有无共存，正反离合，隐显有序，两极（太极、无极）相望，一念往返。"我觉得，用这20个字去体察抽象画是比较有点创新意义的。

抽象画"无极性"的主要特征是"有无共存"，有意和无意共存。说它有意，它却不代表某一个具体事物，是无意；说它无意，则有点、线、面、色、空间和肌理，的确代表了作者的感情和一时的意念，确是有所指的，否则，观众是看不到什么东西可以引起共鸣，表示赞赏的。这又是有意。小鸟叫得好听是有，但不知道是什么意思是无。太极与无极、无序与有序、隐与显、正与反、具象与抽象都是这个关系的表达。

严格讲来，无极态是一无所有的，是无象的。但无象亦是一象,叫无象。正如无念也是一念,"我只知道一件事,就是我什么亦不知道"。

2020 年 5 月 12 日,上海美术学院有位老师告诉我,国外有位抽象画家提出了极少主义,把白纸和黑纸作为极少主义的代表作,还有观念绘画等派别,不是画,而是文字描述。刚好,2020 年 5 月 1 日我也画了四张无极派的代表作。两张全白的,一张写了"自性清净圆明体",一张写了"都摄六根,净念相继";另一张全黑的,写上"玄之尤(又)玄,众妙之门"。还有一张一半黑,一半白的,写上"二极相望,一念往返"。这是那位外国理论中没有的。

一念往返。中国传统哲学,几千年来早就提出了"心物一元论"的观点,在无极态里,精神和物质是一不是二;在太极态里,心物是二不是一。一与二仅在一念之间。这是一个值得深入研究的问题,估计还要研究很长时间。就目前人类的智慧而言,只能存此一说而已。

3. 抽象画的"不定形性"

所谓"不定形",是指没有固定的形式。视觉元素的选用不定,组合不定,绘画工具不定,作画内容不定,只要能反映作者的意愿即可,能引起观众的共鸣即可。所以,没有两个抽象画家的艺术品是一模一样的。

4. 抽象画的"随意性"

画，常可以随着作者的情绪而有所变动，但有些画种毕竟会随不同要求而有所限制，如特定的人物、建筑物、情景等都会有特定的限制。但相对而言，抽象画则比较随意，高兴时加一些，或抹去一些，都可以随着作者意念去操作，并将影响作品的意境和内容。这种随意性是抽象画的一大特征。

5. 抽象画的"联想性"

任何一幅抽象画，因为它不描绘一个具体的物象，如果观众不按自己的一眼所见去联想些什么的话，则此画必定不知所云，感受到的美感也会受到影响。一般观众总会在欣赏抽象画时，会对此画的组成要素产生某种联想。如对赵无极的抽象画常会联想某种天象、[2]对朱德群的抽象画会联想到五光十色的宝石[5]，而吴冠中的抽象画内容比较丰富而多样[4]。

6. 抽象画和意象画的渐进性、相对性和兼容性

我自己在涂鸦时，常会遇到画一幅色彩和线条比较单纯的画像如火的，或如水的，就难分意象和抽象，两者都可以。此时，往往作者和观者的"一念"会起重要作用。这取决于他们看起来像不像，像什么就是意象，什么也不像就是抽象，故一念往返的落脚点很重要。但就中国传统文化"心物一元论"而言，画本身仍占一半的重要性，如果没有这幅画，观众眼前心

里还有什么抽呀、意呀的？何况观众的大脑皮层还在起主导作用呢！所以我在生命微观意象艺术里有不少作品是意象、抽象两可的。请见附图8～图12。

目前，美术界公认的抽象画是太极态的抽象画，有点、线、面、色之象。我的无极抽象画为"一无象之象"，即无点、线、面、色之象，但有光芒一片或玄妙一片之象，可称之为"一象无象"。一白象代表或有，或显，或正；一玄象代表或无，或隐，或反。只有一色，即黑或白，而无红、黄、蓝三原色。如同"一念无念"之意，即"我只知道一件事，即我什么也不知道"。显然，无极抽象画比太极抽象画似乎更"抽"了一步。

（五）

我在"无极哲学"影响下的抽象画实践

我是一个医生，不是学美术专业的。1951年学西医学，1960年自学中医学，1970年开始用中西结合的方法研究宇宙人生的原理。2007年，一个偶然的机缘，遇见了明师，一时心血来潮，拿起了笔、墨、纸、砚，画起了一辈子常常在显微镜下看见的细胞和组织的结构，五光十色，五花八门，创立了一个"生命微观意象艺术"，上海博物馆陈燮君馆长称此是"一个新画种"。2008—2014 年，我先后在上海中国画院、上海美术学院、香港艺术学校及无锡等地举办了 8 次个人画展。因为我画的是显微镜下的人体结构，是艺术家们以前没有见过的形象，常常被认为是抽象画。有一次，上海中国画院著名抽象画家张桂铭先生来我家聊天，我给他看了一些病理学的图谱。最后，在临分手时，他对我说了一句悄悄话："我看您的画，还是具象的。"对此，我深表同意，我回了一句："确是慧眼识真情！"

2014 年 2 月，我到了无锡太湖之滨的深山老林后，潜心研究老、庄、释及《黄帝内经》等传统文化之后，对宇宙人生的认识有了深化，意象也在不知不觉中潜移默化为抽象。当2018 年发表了"无极哲学"以后，我的意象画也渐入抽象之境。用哲学一点的话说，叫"由形而下渐入形而上之境"了。"形而上者谓之道，形而下者谓之器""道在器中"。道是看不见，摸不着的，隐着的；器是看得见，摸得着的，显着的。具象是器的层次，意象画进入了似与不似之间，抽象画离开了具体的形，只有组成形的要素的集合，但还是有形的。

无极有象吗？无极和太极都是态，有态就有象。无极而太极，太极分二仪，二仪就是阴阳太极图。无极没有二仪，太极阴阳没有了，图没有了，什么也没有了，一片白茫茫，无边无际，无形，无色，混沌一片。但混沌一片还是有的。此时，说它有，它没有，说它没有，它还是有，这叫有无共存，叫空。

附图 11 ～图 15：下面五张图是按"无极哲学赞"创作的，行不行，请大家评议。

这是一张白纸，什么都没有，只是一张白纸。上面写了"自性清净圆明体"几个字，出自《华严经》。

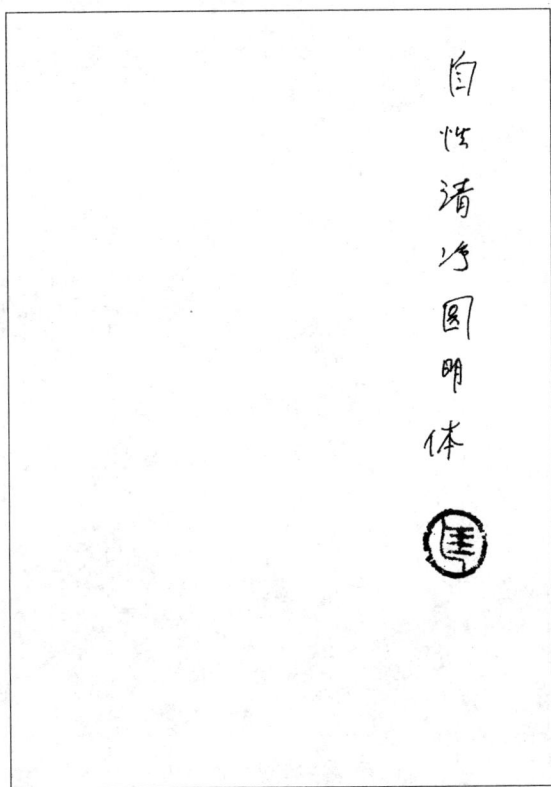

图 11　自性清净圆明体

这也是一张白纸，什么都没有，只是一张白纸。上面写的
是"离形去知、同于大通"，出自《庄子》。

图 12　离形去知、同于大通

这也是一张白纸，上面写的是"都摄六根、净念相继"，出自《楞严经》。

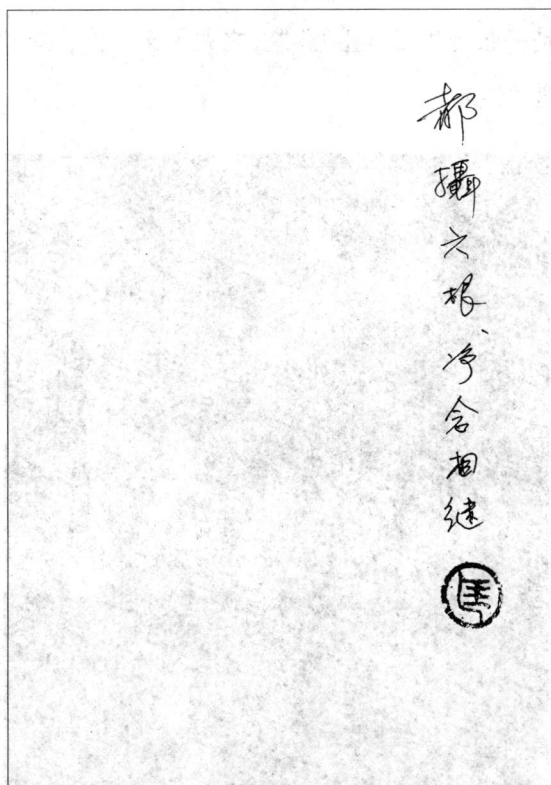

图 13　都摄六根、净念相继

最近，有位美术界的画家告诉我说，当前抽象画界还有一种新潮，称极少主义，也有以一张白纸入画的。还有所谓的观念画，没有画而是文字（观念）描述。我认为只有能反映无极态的文字（意念）才能入无极的抽象画。我这个是无极哲学，似乎比较少还要少很多，或许是不能比拟的。

这是一张纯黑纸，上写"玄之尤（又）玄、众妙之门"，出自《道德经》。

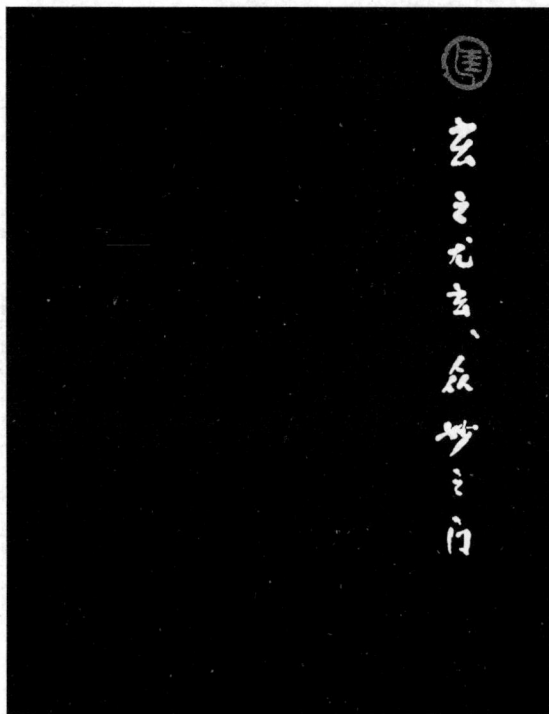

图14　玄之尤（又）玄、众妙之门

　　这一张是一半黑一半白，上写"两极相望、一念往返"，
出自"无极哲学"。

　　在此，按抽象画的惯例，是不作说明的。但这是第一次用
无极哲学论抽象画作画，所以加个标题暗示一下，听听大家的
高见。

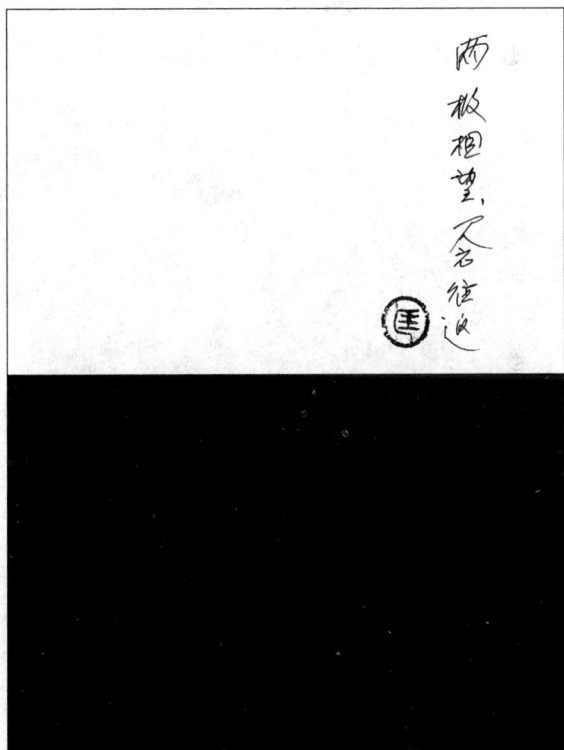

图 15　两极相望、一念往返

主要参考文献

［1］叶强，王朝刚，郑力.抽象绘画语言简明教程.重庆：重庆出版集团重庆出版社，2006

［2］赵无极.赵无极绘画六十年回顾.上海：上海三联出版社，1998

［3］匡调元.无极哲学.北京：中国中医药出版社，2019

［4］吴冠中.关于抽象美，C 中国抽象艺术.上海：上海书画社，2006

［5］朱德群.中国油画十家.北京：世界知识出版社，2004

无极哲学和新整体观

这次会议（2019 年 8 月第四届全国自然国学学术研讨会）议题是：中华传统整体科学观。3000 多年来，《周易》的太极显然处于顶端。太极哲学，强调两仪、四象、八卦的又分又合整体论，辩证法科学观。今天，无极哲学更上一层，已是另一时空，是"新的"整体论科学观了，因为连"一分为二"已被整合得没有了！惜过去很少研究，今天我借此机会提出来和大家讨论，请大家批评指正。

《无极哲学》（第一版）一书只有五篇文章，可以认为是个人几十年来对宇宙人生所思所想而做的一个小结。

1. 本来我和佛教没有交往，也没有读过任何佛经和有关佛学的书。2007 年乔迁时，一个偶然的机会，发现书橱里有一本妻子生前读过的《佛说阿弥陀经和观世音菩萨普门品》合订本，应是哪个庙里信徒印发的结缘的小册子。随手翻了一下，却发现里面并没有烧香、拜佛等描述，只是希望大家净心念佛、行善，争取离苦得乐，往生到净土去。读了以后，心中油然而生了两个问题：这是真的吗？怎么会这样呢？犹如当年在图书馆里偶然看到南京中医学院（现南京中医药大学）编的《中医学概论》一样：关于生命的问题，里面究竟讲了些什么？可以看一下嘛！于是开始读了一些佛学经典著作，逐渐悟到了佛学、佛法和佛教是有联系的三回事。佛学以哲学思想为主，佛法以思维科学和修炼方法的研究为主，佛教则是以宣传推广活动为主，其中杂有不少属于信仰的东西。2008 年，我把唐代贤首国师所著《修华严奥旨妄尽还源观》连续精心研读了 7 遍，到 2011 年才在《香港佛教》杂志上发表了自己的体会：初悟自性清净圆明体。该文的内容与中国自古以来主张的"心物一元"论不谋而合。2012—2013 年在香港工作期间，我有机会读了几部经典佛经，当时即下决心回来后找个安静之处精研《黄帝内经》。2014 年，终于在故乡无锡找到了梁武帝所建的长泰禅寺（至今已有 1480 余年历史的古刹，苏东坡有碑文存于禅寺内），在晨钟暮鼓的陪伴下，生活了整整一年，完成了论文"神会'上古天真论'"。按照佛教的清规，我没有"皈依"，不是佛教徒，所以不能称"闭关"。但这篇论文恰是我日后创立"无极哲学"的又一个重要契机。后来，我又相继完成了"《黄帝内经》的神本论研究"及"人类生命与元神作意"等论文，这些都已收入《太易心神学》一书中。为了论证所说的"易、道、释和《黄帝内经》在顶峰上相通"这一见地，我将此文引入《无极哲学》第一版，按年份次序放在第一篇。

2. 2011 年，全国中医睡眠研究学会在上海召开学术会议，主持人出了一个题目，嘱我谈谈对"情绪与体质"的研究。于是，我写了"情绪与体质"这篇文章，在会上做了主题报告，深受与会学者的好评。在写作过程中，我悟到了"无极态"，这是一个关键性的质的飞跃，即从"太极态"进入了"无极态"。此文中不仅有对西方情绪心理学的几项原理性的突破，更有对《易经》、易学"太极"理论的突破。我很重视这篇文章，一是因为它很重要，二是因为目前全世界有心理障碍的人不少而且有日益增多的趋势，三是老百姓不知道怎么办好，四是更为严重的是似乎目前尚无控制其发展的良策。大家都说心态好最重要。那么，什么叫心态？什么心态叫好？快乐、兴奋就是好吗？喜过了头亦要出问题的。那么又如何调控自己的心态呢？这里面的学问很深，中西医学各有自己的认识。因此，我建议：凡关心心理健康的人都来研究这个问题，都来读读这篇文章。我在《匡调元医论》《太易心神学》和本书中一而再、再而三地载入这篇文章，就是希望有更多的人能读到它、运用它，从中得益而正确地改善心态，真正能获得健康长寿。

3. 2016 年我写完《太易心神学》时已经悟到了易、道、释、《内经》在顶峰上是互通为一的，其"一"在何处？已点明了在"无极态"。但是，其来龙去脉还没有交代清楚，其归宿点仍在"态"上，而不在"学"上，还是说"器"的多，论"道"不足。为了更好地解决这个问题，我继续"思之思之，又重思之"，经过一年的"思之"，依靠"精气之极"，又用了一个月时间，到 2017 年 9 月，瓜熟蒂落，"无极哲学"终于问世了。我们这个世界应该是多时空的，除人类目前生存的时空外，按照无极哲学的理解，至少还有一个梦态，一个无极态。因此，我自认为这篇文章是总结性的、历史性的和突破性的，至少为我们走进这两个时空提供了一些思考。为什么如此说？请读此文的摘要和结语，在此就恕不重复了。我将"无极哲学"投《上海中医药大学学报》后，蒙学校领导和审稿专家的支持，得以在 2018 年第一期首页刊出了。我终于完成了自认为的历史使命而如释重负！

4. 上文说"无极哲学"一文完成后，我如释重负。是，重负释了，但轻负没有释。"无极哲学"提到从太极态走向无极态是靠"一念"，靠自己的思维。那这又是怎么一回事？这个问题是必须回答的。虽然不一定能圆满解决，但至少应提点线索。于是我又开始重点思考智慧、悟和人类的思维方式，尤其是关于"灵感思维"问题。

"无极哲学"是讨论本体论的，"中华崇悟文化赞"则是讨论方法论的。灵感思维是中国人几千年来自然形成的优良素质，远胜于西方人。我们宣扬灵感思维是想强调"复古与创新"共建！复古要复到人类古文明之前原始人类的灵感思维功

能，这是人类的本能，不会被消灭，只会被忽视。我们不要轻
飘飘地就用"巫文化"三个字全部否定了它！创新要创到千百
年之后，找到现代文明的真正后台——灵感思维，让它使人类
文明更上一层楼。我们预言：到那个时代，将由灵感思维做
主，而所谓的"科学技术"只是在前台做些表演而已。其实，
当下已经隐藏着这个实相，可惜大多数知识分子还没有注意
到。这应是《黄帝内经》神本论的延续和升华。种种迹象已显
示：现在和未来的中国人将大展大汉、盛唐、魏晋、宋明时代
的辉煌，去努力实现振兴中华的伟大理想！靠什么？就靠我们
中华民族的优秀品质——本能的灵感思维！这是人类真正的聪
明才智呀！有识之士，有志之士，切莫等闲视之！

5. 附录"医海冲浪探究生命"（2018）作为实例，这是我
依靠"崇悟文化"从事中西医结合病理学研究一辈子的历史
记录。它确切地印证了"道在器中"，也恰好印证了"两极相
望，一念往返"的实情。

（曲阜师范大学国学院中华炎黄文化研究自然国学专业委
员会，山东曲阜，2019 年 8 月）

主要参考文献

［1］匡调元.匡调元医论.上海：上海世界图书出版公司，2011

［2］匡调元.太易心神学.北京：中国中医药出版社，2018

［3］匡调元.无极哲学.北京：中国中医药出版社，2019

『无极哲学』推广提要

中国人早在殷商时期便知道：这个世界有两种状态：一种叫太极态，是有分别的状态，如阴阳、有无、变易、善恶、男女等。研究这种状态的哲学叫太极哲学，有一大堆，非常复杂，无穷无尽。[1] 在太极态里，人是以"不空"的，即"实有"的理念存在的。

另一种叫无极态，是无分别状态，如空、道等。中国人早就知道这个状态，但研究这种状态的哲学叫无极哲学，是我在2018年正式提出来的。一篇文章，简之尤简，终归于空。原来以为只有佛才讲空，其实不然，《易》、老子、庄子、《黄帝内经》等也早就在讲"空"了，用的说法不同，其实是殊途同归、异曲同工的。因此，不能误解，以为无极哲学仅仅是佛学的哲学。不，无极哲学应是属于全人类的一门新兴哲学，且处在中华传统文化的顶端。下面引证所用的材料佛学方面居多，只是说明二者的关系比较密切而已。

在无极态，人完全是以空的，即有无共存的理念存在的自性，可以通过一念，从太极态到无极态。

一、先说什么叫太极态和太极哲学

太极态，就是这里，大家实际生活的时空，都有切身的体验，好理解。

太极概念来自《易经·系辞上》:"是故易有太极，是生两仪。两仪生四象，四象生八卦，八卦定吉凶，吉凶生大业。"中国人对宇宙间的一切有分别的认识都源于此。中医药学对人体的认识，包括天地、阴阳、五行、五运六气、藏象经络、男女老少、生老病死等认识也源于此。这些状态都叫太极态。人和动植物一起生存在这个宇宙之中。太极哲学形成了一个井然有序的、多层次的、庞大善变的概念体系。这个体系实际上包括了古今中外，有语言文字以来的全部哲学。

二、再说无极态和无极哲学

"无极态"是一个非常陌生的"境界"，长期以来都是宗教人士信仰向往的境界。大多数人并无切身感受，要苦练后才能达到，非常复杂。但真的到了那里，却又非常纯净，故很有神秘感，很多人练了一辈子也到不了那里。

对于无极态，"无极哲学"拟用5句话20个字的"无极哲学赞"[3]加以概括:有无共存，正反离合，隐显有序，两极相望，一念往返。

1.有无共存，就是空，就是妙有:说有是无，说无却有。

这是这五句话的核心，《肇论》[2]值得细读。

2. 正反离合，确是一部《道德经》的总概括。自第一句"道可道，非常道"到最后一句"美言不信，信言不美"，都是一正一反共存的。

3. 隐显有序，可以宇宙中存在的明物质和暗物质为代表。此外，物质的显和精神的隐也是一对，它们是一体的。隐有序，显也有序。宇宙间一切过程都是必然的，偶然是必然的表现形式。因果与缘也是必然的关系。

4. 两极相望，太极无极为二又为一，整个宇宙是一。两个时空是重叠在一起的，彼此并不是排斥，中间间隔无限小。

5. 一念往返，两极之间的一往一返，只需一念。一念所需的时间非常短暂，有人说，仅为一千二百八十兆分之一秒。禅坐修炼的根本目的，就是要让思维从太极态转到无极态去。元神可以出窍到无极态去云游。在《庄子·逍遥游》里称为"神化"，到"无何有之乡"。

由于人类对"心物一元论"的认识十分肤浅，故远不知道神经元与思维之间有深刻的相互关系，使一念往返难以捉摸，但任何理又必须有实践证明才能有说服力，否则，恕难取信于民。事实上，人类历史中对元神作意已有很多纪实，兹择要略述于下，并略加分析：

（1）临终化虹而去。这是人体由"有"一念而"无"，由"显"一时而"隐"的实例。

（2）梦。我理解梦是人在太极态里思维上的因果联系在另一个时空思维上的反映。别人的梦无法论证，自己的梦应该深思和分析。自己的思维状态也只能自己去感知。

（3）元神作意可以改变人的生理状态的实例：①在往生后肉身不腐，身体自然保存千年，如广州南华寺惠能、九华山诸肉身菩萨等。这可能是生命体自溶酶的功能因修炼而消失的结果。②舍利子形成，当某些高僧大德圆寂，躯体火化以后，骨肉凝成"五彩宝石"，如释迦牟尼佛顶舍利、弘一法师舍利子等。这可能是体液生化成分因修炼而改变的结果。

"无极哲学"[3]在"道"的层次上，可谓"头头是道"，在"器"的层次上，亦应"事事有据"。这需要大家进一步研究。一要随机缘，二要遇知音。

"无极哲学"是在深入研究了"太极哲学"的基础上提升而来的。因此，两者应同时研究，对比研究，相向而行。

面对事实而不可思议是常有的，但若执着不悟，也可能是一种迷信，不是明智的办法。

三、怎么样才能到无极态去

"无极哲学"说人类还有一个广大的时空，叫"无极态"。近几年来，我们深研《易》、老、庄、释和《黄帝内经》等经典著作，认识到要去无极态，只有靠一念，到 2017 年才悟出去无极态的若干具体方法。经典著作说：按此等方法久练后，可以去无极态。很多人在练，似乎行。这些话，原来都不是我讲的，现在，愿与大家共享：

1. 都摄六根，净念相继。此法出自《楞严经》第五卷。意思是说，只要将六根的作用全部收摄到一念，不妄想，不昏沉，就是自性的清净。这样念念相继，自然就可到无念无为的状态，"这可谓第一妙法"。

2. 不取于相，如如不动。此法出自《金刚经》。江味农居士说：《金刚经》上半部可归纳为"不取于相"，即排除宇宙间一切"尘相"；下半部则可归纳为"如如不动"，即不起心动念，净念相继。这是去无极态的又一妙法。

3. 自性出窍，融于虚空。此法出自《般若经》。先静坐片刻，全身放松：元神作意，冥想一朵白莲花代表自性，守于膻中穴。"阿"一声，慢慢升到喉咙。"阿"一声，升到百会穴。

"阿"一声，由百会穴射出身体。这是神离开精和气的关键时机。"阿"一声，升到高空，然后一念将自性完全融入虚空。白茫茫一片光明！

4. 离形去知，同于大通。此法出自《庄子·大宗师》："堕肢体，黜聪明，离形去知，同于大通。此谓坐忘。"离形，人无我；去知，法无我。同于大通，物我两忘，入无极态。

5. 心息照见，五蕴皆空。此法出自《心经》"照见五蕴皆空"。香港圣一法师在《心经讲记》中说："如果把600卷《大藏经》浓缩成一句话，就是'照见五蕴皆空'。"诵读这句话时，若能照顾着，跟着它入去，便能入定而到彼岸。

6. 无思无为，寂然不动。此法出自《易经·系辞上》。没有思维，没有作为，心身都如如不动，久而久之，物我两忘，念入无极态。

7. 恬淡虚无，精神内守。此法出自《素问·上古天真论》[1]。恬是心静，不是不动脑筋而是没有妄想。淡是心情淡漠，心无意。恬淡是无思无念。虚是虚空。无，不是没有，而是了不可得。"精神内守"是精气和元神不要妄泄而固守于内，元神令识神不要妄动。这样"正气存内，邪不可干"，可以百病不生而尽其天年。

8. 到无极态去还有有效一法：就是净土宗所推荐的一句佛

号"阿弥陀佛"，日念万句，诵到一心不乱，即入无极态。

以上诸法，不必悉用，一门深入，但精一法便行。又："求心不得待心知。"用以上任何一法去无极态时，要用"无念之念"。这一点很难，要悟到行到，否则难以成功。

至此，我们发现了一条非常重要的原理：《易》、老、庄、释和《黄帝内经》在无极态的顶峰处是统一的。在此，我们想强调一下：无极哲学是人类哲学史上出现的一门新兴哲学，她把中国传统哲学思想，《易》、老、庄、释在"神思""元神作意"这个高度统一了起来。

至于人的元神在入定以后所发生的一切心理生理的具体实况如何，包括宏观精神上的和微观结构上的进程，则是人体科学及思维科学值得深入研究的新领域。健康长寿的根本在这里，其结果将改变人类现在的生命状态。同道们不要等闲视之。

四、结语

1. 我研究太极和无极的目的，是为"元神作意"探讨其中国传统哲学上的根据。同时，探讨人类思维的奥秘及其在人生过程中的实际作用，并不想，也无能建立一个逻辑性较强的理论体系。

2. 我的研究以事实为依据，以理论为说明，并花了不少力量去研究如何从太极去无极的实际方法，法法躬行，以观其实效。

3. 研究它，只是哲学上、思维上的一种思考，希望人类多一个时空可以考虑。沈善增老师认为，无极哲学将道家《行气玉佩铭》的"顺则死，逆则生"说通了，是了不得的理论贡献。

4. 对《黄帝内经》的精气神学说和"神乎神"的研究会有些启发。

5. 目前，无极哲学仅属于初创阶段，有待于继续深入，其长远意义远大于现实意义。希望有兴趣的专业哲学家能接过去，使其日益完善。

6. 天道崇简，画龙点睛，重在领悟，贵在亲证。

何谓"开悟"？能体悟宇宙人生的真谛是"两极相望，妄尽还源，一念往返"，是为"开悟"。何谓"得道"？能在太极态全心全意为人民服务而忘我，是为而无为；在无极态能入寂然不动而升华自己，是无为而为。能行此无为无不为，是为得道。无极哲学和道释精髓全在于此。

看破了有去无极，放下了我可成佛!

纸上得来总觉浅，绝知此事要躬行!

（2018年6月28日写于无锡市长泰禅寺无极书斋）

主要参考文献

［1］匡调元.太易心神学.北京：中国中医药出版社，2018

［2］僧肇.肇论.高雄市：佛光山宗务委员会印行，2012

［3］匡调元.无极哲学.上海中医药大学学报，2018（1）：1

［4］匡调元.无极哲学.北京：中国中医药出版社，2019

［5］杨成寅.太极哲学.上海：学林出版社，2003

附：医海冲浪　探究生命

自 1951 年考进上海医学院（现复旦大学上海医学院）开始，我便把探究宇宙生命的奥秘作为自己终生追求的总目标。1956 年毕业后，从事病理解剖学医、教、研工作，经过了 60 余年的辗转东西，如今到了耄耋之年，频频回顾，一路走来，征途崎岖，医海浮沉，甘苦自知，不胜感慨。虽然不够辉煌，但也没因碌碌无为而悔恨！

1959 年，毛泽东发出了"把中医中药知识和西医西药知识结合起来，创立具有中国特色的新医学、新药学"的号召，掀起了全国西医学习中医、中西医结合的热潮，这是人类史无前例的伟大创举，但真正理解这个创举真谛的人并不多，因此，"文革"后，中西医结合曾一度沦为诸多争论的议题之一。

自从提出中西医结合以来，关于结合的思路与方法的讨论一直在进行着。我从 1960 年自学中医后，和全国同道们一起，边实践，边思考，边记录，60 余年来已出版了 300 余万字的专著。现在，回想起来，大多是"悟"出来的，今作为"崇悟文化"的附录，将它们分成四个主要阶段，择要汇报如下，请大家批评指正。

一、愿引中医学详于形迹

　　人体内，功能、结构、代谢是辩证统一的，一变皆变的。中医学自豪地称为"详于气化而略于形迹"，西医学则详于形迹而略于气化。其实都是一偏。二者都详，岂不更好？！我是学病理形态学的，所以近水楼台，得天独厚，以形态学手段研究中医病因病机学，一干就是一个甲子！

　　第一阶段（1960—1980 年）：中西医结合病理学基础理论创建阶段，可以 1980 年《中医病理研究》（第一版）的出版为标志，1989 年出第二版，今列其主要目录，便可知其梗概。

　　病理学属于医学基础课的核心，生理类要进入临床课目必须经过病理学知识的培训，中西医结合亦不例外。可惜，60余年来，从事这类专业的人不多。

1. 中医病因学概论

如气象病理学探讨、心神病机论、体质病理学研究等。

2. 中医发病学与病机学概说

八纲病理解剖学基础的初步探讨，虚损之病机探讨，急病及肾与久病及肾之病机探讨，色欲房劳伤之病机探讨，肺与大肠相表里的病理学基础，从病理学观点探讨温病传变的规律性，舌象形成机理，论病变的可逆性。

3. 辨证论治原理探讨——整体制约论

"局部定位论"是德国病理学家 Virchow 于 1858 年提出来的病理学原理，是不全面的，不能真实反映人体疾病的实情。"整体制约论"是我在分析了中医辨证论治后，于 1980 年有针对性地提出来的人体疾病发病原理，是史无前例的。

4. 中医病理学研究之思路与方法学探讨

"中西医结合途径之探索，多学科、多途径、多指标、同步测试、相关分析"，"新实践、新概念、新学派"。

5. 人体新系猜想

我认为人体内除西医学以解剖联属为依据的各系统和中医学以功能联属为依据的藏象经络系统之外，应该还有一个以代谢功能为联属的新系统。这将是中西医结合的解剖生理学基础，如果建不成这个基础，那么中西医结合就失去了立足点。但是，目前建立的条件还不成熟，故称猜想。

对这一阶段拟再说明：①其中某些内容已载入《医学百科全书·中医基础理论分卷》，如体质病理学和整体制约论等。② 1980 年到 2009 年，我曾多次和钱学森进行了讨论，得到他的肯定和鼓励。如钱老在一信中说："人体新系设想，我很赞成。"具体资料请见《匡调元医论》（第二版）。③ 60 余年来，综观全国，用西医病理形态学的方法比较系统地研讨中医基础理论的成果并不多，虽然用此方法研究各具体病证的不少，但理论层次不高。

二、"病理体质树新松"

2008 年，我在妻子肖颐的墓地上写了一个墓志铭："天地生我非蝶梦，病理体质树新松；不入浊流竟大潮，待看华章九州弘。"因为，这是我俩一辈子为之努力的事业。

第二阶段（1975—2001 年）：人体体质学（体质病理学）学派创建阶段，可以"体质病理学研究"的正式发表为开始，以《人体体质学》第一版的出版（1991 年）为新学派成立，第二版出版（2003 年）为成熟的标志。

众所周知，自张仲景以来，中医学术共有七大学派，即伤寒学派、河间学派、攻邪学派、丹溪学派、易水学派、温补学派和温病学派。之后，由于历史的原因，中医学再也没有形成什么新学派。

1975 年，我在探索中西医结合之途径时，注意到了历代中医对体质的重视。在"中西医结合途径之探索"一文中，我只是泛泛地、人云亦云地提了一下中医体质学说，并没有做深入的研究。1976年初，我被派往四川农村开展巡回医疗，我把在重庆市中医研究所学到的中医药知识和技术统统贡献了出来，显然是因为疗效好，所以病人比往年多很多，从早晨7点到公社诊所坐下，到中午12点站起来，最多时收到挂号单107张。患者提前一天赶到小镇上，寄宿一夜挂号排队看病，抓了药当天赶回家。半天的360分钟，平均每个患者诊病时间只有3分半钟。怎么办？先望一眼，问一下什么不好？病了多久？西医看过吗？说您什么病？然后看个舌象。一边望、问、闻，一边切脉。必要时再测个血压，听听肺部或扪腹背包块等。中医学的主证、西医学的主病基本就心中有数了！处方很简单，多则十一二味药，少则七八味。一剂有效。

自1972年跟8位四川名中医学习中医临证以后，我一直在思考一个问题：中医学以功能变化为主的证和西医学以结构变化为主的病，其"同病异证"和"异病同证"的基础是什么？但久思不得其解。"思之思之，又重思之，思之而不通，鬼神将通之。"大量患者在短时间内压过来，进与病谋，退与心谋。晚上，我在煤油灯下冥思苦想，突然之间，灵感思维涌来了，呀！是因为体质类型问题：这种结构、功能、代谢辩证统一的身心状态是证和病可以同时出现在此人身上的物质基础。由此豁然开朗，一切迎刃而解。进而深入研究《灵枢·阴阳二十五人》、西方体质人类学等。1976 年 10 月左右，"体质病理学研究"一文在农村完稿，年底，投《成都中医学院学报》（现《成都中医药大学学报》），恰遇学报内部整顿，文章于 1978 年初才刊出。

　　1977 年 5 月，"卫生部中医研究班"主管教师方药中先生来重庆医学院邀我前去讲课。我讲了 8 个专题，每次 2 小时，包括"体质病理学研究"。事后，研究班编写出版了教材，但唯独缺"体质病理学研究"。不久，研究班有学生发表了中医体质研究的科普文章，之后又出版了《中医体质学说》，方先生作序。作者在书的自序中明言：体质病理学是匡调元首创，而中医体质学说则是他首创。当时他们把人体体质分成阴虚质、阳虚质、痰湿质、血瘀质、湿热质、气虚质、平和质七型。七型之中明明有六型是病理体质嘛！另外，经过临床研究得出结论：他们的血瘀体质和痰湿体质没有本质的区别。而且，后来的九个体质类型中有三型是没有体质特征指标的。这样行吗？我们只能交给历史去评说了。

　　1977 年后，重庆医学院（现重庆医科大学）无法开展体质病理学研究，于 1980 年年初把我调到成都中医学院（现成

都中医药大学）。谁知该院中医专家说：中医只有体质，没有
体质病理学；西医专家说：体质学说在西医已经过时，现在是
基因。因此，在这里此路也不通。1984年1月至1985年8月，
我去美国以访问学者身份和两位美国博士协作研究了白人和黑
人的体质类型，结果和我在中国观察到的黄种人的体质类型一
致，随后一起合作在《中医杂志》英文版上发表了论文。但要
进一步做实验研究进行论证，显然在四川条件仍不具备。于
是，时任卫生部副部长的胡熙明先生亲自出面协调，于1988
年8月把我从成都调到了上海中医药研究院。研究院领导给予
大力支持，马上抽调了18名专家组成了体质学研究组，除了
上海市中医药管理局特批建组资金外，又申报了自然科学基
金，开展实验研究。前后共10年。

　　1997年，我66岁，退休后有较多的时间回顾和整理过去
的研究工作了。2001年编写了《体质病理学和体质食疗学实
验研究》。1991年编写了《人体体质学》第一版，2003年编写
了第二版。2001年编写了《匡调元医论》第一版，2011年编
写了第二版。2016年编写了《辨质论治通识读本》。2017年编
写了《中华饮食智慧》(第七版)。

　　其实，国内真正的中医行家对人体体质学、体质病理学的
意义是很清楚的，如姜春华、朱良春、刘炳凡、颜德馨等前辈

都分别给予"中西医学史上杰出成就""上了一个台阶""昏渠之智灯""功莫大焉"等很高评价。治未病的理论基础是治病理体质。养生之根本，一是按神本论养神，一是按体质食养养体质，其余都是第二位的。天下有几人深知此中妙理，又笃行此道？！

三、"神本论"

这是到了深山老林深研《黄帝内经》后的体验，是让人们从长期以来对《黄帝内经》重在形而下的器研究回归到了形而上的神。这是一件大事，估计要让人们慢慢思考才行。

第三阶段（2007—2017 年）：从形而下的精气为主的研究转入形而上的中医学"神本论"学派的创建阶段，可以《太易心神学》的研究和出版为标志。

2007 年 1 月 3 日，和我相依为命 50 年的妻子肖颐因病不治离我而去！不胜悲痛！我在书橱中发现她唯一留下的一本《佛说阿弥陀经》，是从某寺庙中带回的结缘之书。我不信佛，她信，我也不反对。平时，逢初一、月半，她仅为观世音菩萨上上香而已。我无意中翻了一下，发现其中只是介绍西方极乐世界如何美好，如何念佛成就，并没有磕头、进贡之类的宣教。2007年我应邀去香港开会，有机会到净土宗学会取了一些宣讲佛学的光碟，尤其是净空老和尚讲的《修华严奥旨妄尽还源观》，每晚一讲，每讲2小时，一套共48讲。我用一年时间，连续重复听了7遍，略有所悟，写了一篇"初悟自性清净圆明体"，发表在《香港佛教》上。自己对佛法有了一个基本的理解。

2011年9月，我在全国中医学会举办的失眠学术会议上作了一次"情绪与体质"的专题报告，文中提出了"无极态"的问题。2012年2月我应邀去香港工作，推广体质食养学。2012年8月，经朋友介绍，将"情绪与体质"一文呈南怀瑾老师，他评道：深佩，极有远见。我深受鼓舞。2013年12月底回到上海。在香港期间我有机会读了一些佛经，听了一些讲经说法，有缘见了第十二世活佛努巴仁波切和净空老和尚。我一边研究佛经，一边对照《易》、老、庄、《内经》，深感《内经》深奥，过去研读不够，急需补课，于是决心回无锡老家，找个深山老林，静下心来重读《内经》。

2014年2月，我回到了家乡无锡，来到太湖之滨的千年古刹长泰禅寺，在暮鼓晨钟的陪伴下读《内经》《类经》及《集注》。当年完成了论文"神会'上古天真论'"（中华中医药学刊，2015 年第 8 期，210 ～ 214 页），认为"知其要者，一言而终"的"一言"是恬淡虚无，真气从之，精神内守，病安从来。2015 年完成了论文"《黄帝内经》的神本论研究"（中华中医药学刊，2016 年第 11 期，2780—2784 页），论证了"神本论"是《内经》的核心思想，其重要性远胜于经络藏象学说、天人合一学说等。神本论应该是中医各家学说继人体体质学、体质病理学之后的第九个学派。当然，这仅是一人之言，须待公论。

2016 年完成了论文"人类生命与元神作意"（见《太易心神学》，中国中医药出版社 2018 年出版），对人类生命下了一个新的定义，为生命科学的当代研究吹去了一股新风。沈善增老师认为其意义目前还无法估量。这是我想请大家倍加重视的。2017 年 6 月完成了"无极哲学"，这个哲学将中国传统文化的《易》、老、庄、释、《黄帝内经》从顶峰"无极"上统一起来了（上海中医药大学学报，2018 年第 1 期，7—13 页）。到此时，我第三阶段的研究才告一段落。当然，自己头脑中的思维仍在不断升华，并无止境。

在此期间有一个插曲：2007 年至 2008 年我创立了一个"生命微观意象艺术"。

2007 年 5 月的一天，有一位 70 余岁的冠心病患者，因为经过 7 个多月的治疗病情明显好转，治疗暂告一段落，故今天特地来送我一本他个人创作的画册表示谢意。我一看，喜出望外。我自小喜涂鸦、想画画，苦无明师教我！今天才知面前就是上海中国画院的名画家，真是求之不得，遂提出拜他为师，收我为徒。他爽快答应了！我非常兴奋！回去就买来纸笔、色墨，拿出病理切片图谱，随心所欲地涂了起来！涂出了 10 余张，送到老师家里，请教行不行。"不行，这里不好！""不行，那里不对！""这张，马马虎虎。"……这样下来，有三四张马马虎虎！我心里非常高兴，心想只要有一张马马虎虎就可以了。按老师的指导回家再画，后来画得越来越多、越来越快、越来越好，老师形容：像开了闸的水狂泻而来！2008 年 8 月 1 日我在上海中国画院举办了第一次个人画展，得到了画院多位名家的鼓励和指导。2009 年 10 月又在上海大学美术学院举办了第二次个人画展，除了美术学院的师生外，不少前来美术学院开会的外宾也来观展。2010 年 8 月在上海新天地第一会议室、2011 年在老年大学展厅又先后举办了两次个人画展。2012 年去香港小住，继续作画，62 幅新作于 2012 年、2013 年和 2014 年先后 3 次在香港展出，并赠画给香港一慈善机构。本书所有的插画都曾在历次画展上展出过。上海博物馆陈燮君馆长称：这是一个新画种。也因此，在上海国画界交了不少好朋友。现在，不学霸王，还在乘胜前进，希望不负众望，能更上一层楼！

四、玄之又玄，众妙之门

这是《老子》第一章关于宇宙人生的最大奥秘！吸引了、迷倒了、也醉倒了历代大智，同时也诱来了我这个大愚，不自量力地也来凑热闹！如今，姑妄言之，姑妄听之可也！

第四阶段（2017— ）：至超越生命而入人类新的"无极哲学"创建阶段，可以《无极哲学》之研究、发表和出版为标志。

对第三阶段可能会对《内经》的认识有所突破，我是有思想准备的，但对第四个阶段在哲学、认知科学和思维科学上会有如此认识则是我 2014 年刚来无锡时未曾预见到的。我不是哲学专业的，学到哪里写到哪里，完全是门外汉，似乎靠的全是"神来之笔"。甚至，我自己至今仍难以解释：怎么会拐弯抹角发展到这里的？

2018 年 1 月，《太易心神学》出版了，标志着中西医结合病理学研究到达了一个前所未有的高度，虽然还暂不为大众所认识，尚需假以时日，但我自己是有信心的。

2018年上半年，我完成了"中华崇悟文化赞"，此文高调崇扬了灵感思维的意义！为中西方文化交流提出了独特的思维方式，更为中西医结合提供了思想武器。我认为：灵感思维也是到达无极态的唯一途径，不可等闲视之！

至于现在提出"无极哲学"在中国学术思想史上究竟意义何在？我以为：

1. 从"一划分两仪"回到"不划归无极"是一个历史性突破！

从"无极哲学"20字赞"有无共存，正反离合，隐显有序，两极相望，一念往返"看，"无极哲学"首先突破了《周易》的"太极分两仪"。

《周易》主要将无极的阴阳不分状态，一划而成"两仪"，于是，宇宙人生从不分的无极而入两分的太极。现在，"无极哲学"又强调将阴阳两仪合而为一，使太极"逆反"无极。从历史来看，这一返至少经过了3000年，这是魏晋玄学没有提及的。但是"无极哲学"并不全部否定"太极哲学"。二者都是客观存在的。二者还是相望着，借一念可以往返的。

2. 太极与无极的时空区别是魏晋玄学没有提及的。

太极是一时空，无极又是一时空，心和物在不同时空中的表现是不同的。我们切身体念：梦又是一时空。究竟有多少时空？全世界尚在探索中。

3. 在不同时空里的一切现象都有隐和显两种状态。魏晋玄学主要争论了有无，而忽视了有无都存在隐和显的状态。处于隐态的有，可以是无形的，可能被误会成无。精神与物质都有隐显之态，现代物理学提出了暗物质的问题，或许和这里的"隐"有关，这也是现代研究的一个新领域！

4. 道家曾在《行气玉佩铭》中提出"顺则死，逆则生"的名言，但长期以来较少深入研究，对"何谓顺，何以死，何谓逆，何以生"并不很明确。现在我们提出：由无极而太极，由两仪而四象八卦的方向为顺；由八卦四象而两仪，由两仪而无极方向为逆。顺是越分越细，越细越繁，越繁越易作乱，作乱即死。逆是越繁越简，越简越净，越净越不易乱，即生。宇宙人生的实践证明：物质是如此，思维也是如此。

我们如果按此思路，进一步从生命物质层次上对其做深入研究，则对生命科学和人类的健康长寿事业将受益匪浅！故沈善增老师曾针对此事微信我说："祝贺您！顺则死，逆则生，说通了，了不得的理论贡献。"

5. "一念往返两极。"灵感思维，威力无穷，法力无边！

迄今为止，人类对思维的认识远逊于物质，尤其是近三百多年来的西方世界。其实错了！请读拙著"中华崇悟文化赞"，直觉领悟与逻辑论证原应是互补的、共存的，都是人的"神思"的本能，但是要论创造性，则直觉领悟在先，要论说服力，则逻辑论证不可缺，"一念往返两极"这个大原则就必须两者同时并举才能成功。学中国古代姜子牙、张良、诸葛亮、刘伯温等高灵商的智者，当较易悟此真理，行此真理而功垂千秋！

这个有益的历史经验是值得好好深思的。

五、小结

四个阶段，论学术水平，虽然一段高过一段，但每段仍有每段的独特意义，其中每个阶段的代表作都是值得仔细研读的。几十年来，我想到了一些别人没想到的，做到了一些别人没有做过的事情。我有几位知己同事常常鼓励我说：您一辈子创的新说很多，其实每一个都不容易。今天，我环顾古今中外，为自己的学术生涯作小结时，要言不烦，只准备提几项主要的，以示梗概：

1. 整体制约论——中西医学上一个新的发病机理。

2.人体新系猜想。

3.人体体质学、体质病理学、体质食养学、体质养生学，可成为中医各家学说的第八个新学派。

4.太易心神学，神本论（可成为中医各家学说中第九个新学派），元神作意（对生命的一种新认识），崇悟文化赞（赞灵感思维）。

5.无极哲学。

6.生命微观意象艺术——古今中外艺术界的一个新画种。

不同的学术观点，欢迎大家批评指正。

主要参考文献

［1］匡调元.中医病理研究.2版.上海：上海科学技术出版社，1989

［2］匡调元.匡调元医论.2版.上海：上海世纪图书出版公司，2011

［3］匡调元.人体体质学——中医学个性化诊疗原理.2版.上海：上海科学技术出版社，2003

［4］匡调元.生命微观意象艺术.上海：上海世纪图书出版公司，2011

［5］匡调元.太易心神学.北京：中国中医药出版社，2018

［6］匡调元.无极哲学.上海：上海中医药大学学报，2018（1）：7-13

［7］匡调元.体质病理学与体质食疗学实验研究.上海：上海科学技术文献出版社，2001